AF591287

LA

# FRANCE PARLEMENTAIRE

# ALBERT LE ROY

Membre de la Société des Gens de Lettres,
Ancien Sous-Préfet, ancien conseiller de Préfecture
de Seine-et-Oise,
Candidat du Comité républicain de la 1re circonscription
de Versailles.

# ALBERT LE ROY

Il n'est point douteux que la prochaine Chambre doive compter un nombre considérable d'hommes nouveaux. L'opinion générale du pays réclame une transformation et un rajeunissement de notre personnel politique. Il ne s'agit point de changer les institutions républicaines, mais d'infuser à notre vie parlementaire un sang plus vif et surtout plus pur.

Parmi les hommes jeunes encore qui se sont distingués dans les rangs du parti démocratique, le Comité Républicain de la première circonscription de Versailles a choisi l'un de ceux qui ont donné les meilleurs gages de talent et de fidélité : M. Albert Le Roy. Il appartient par ses origines mêmes, par la souche toute rurale de sa famille, à la contrée dont il sollicite les suffrages. On l'y a vu à l'œuvre comme fonctionnaire républicain.

A trente-deux ans, — il est né le 19 décembre 1856, — M. Albert Le Roy possède déjà un passé littéraire et politique qui n'est point sans valeur. Licencié ès lettres en 1876, il vient de terminer ses thèses de doctorat et soumet à la Sorbonne un ouvrage sur *la Politique religieuse de Louis XIV, la France et Rome de 1700 à 1715*, qui résume quatre années de travail aux archives des Affaires étrangères, et servira d'appendice au *Port-Royal* de Sainte-Beuve. — Membre de la Société des gens de lettres depuis 1882, M. Albert Le Roy a collaboré à divers journaux et recueils : au *Bien public* sous le pseudonyme d'Albert Just; au *Globe*, au *Parlement*, à la *République française*, — où il a signé de nombreuses variétés littéraires et historiques, — à la *Nouvelle Revue*, à la *Revue politique*, à la *Revue libérale*, à la *Gironde*. En même temps, il publiait plusieurs romans, d'abord en feuilleton, puis en librairie : *Fabien* (1879) ; le *Mariage de Laure* (1882); *Part à Trois* (1883); l'*Argent de la femme* (1884); le *Comédien* (1888). La critique a remarqué et loué, dans ces œuvres d'imagination, qui dérivent de l'école de George Sand, l'élégance de la forme littéraire.

Reçu avocat en 1879, M. Albert Le Roy n'a point suivi la carrière du barreau. Mais, naturellement porté vers la politique, il jugeait que pour faire les lois il est utile, il est nécessaire de connaître la loi. Passer par l'École et le Palais est un salutaire apprentissage.

La connaissance du droit ne suffit pas à l'homme public. Il faut y joindre celle de l'histoire diplomatique et de l'administration nationale.

M. Albert Le Roy a étudié pas à pas, dans nos archives, la diplomatie française, la vie religieuse et les mœurs au siècle dernier. Il en a rapporté des matériaux considérables, les uns déjà utilisés, les autres qui lui permettront de continuer ses travaux historiques parallèlement à ses occupations parlementaires. Il importe, en effet, que nos hommes politiques sachent employer leurs loisirs, soit à des voyages à l'étranger féconds en aperçus, soit à ces nobles études littéraires que Thiers, Guizot, Cousin, Rémusat, Villemain, Lamartine, accomplissaient, entre deux ministères, dans les intervalles de repos de la vie publique. N'est-ce pas infiniment préférable à l'oisiveté de certains politiciens actuels, qui dépensent toute leur intelligence à de misérables querelles de groupes, au lieu d'analyser et d'écrire l'histoire de leur pays?

L'administration, qui touche de près les hommes et les faits, est le complément naturel de l'histoire qui envisage les événements à distance. — M. Albert Le Roy a appartenu durant cinq années à l'administration. En 1883, à vingt-six ans, il était nommé sous-préfet des Sables-d'Olonne et il a laissé dans cet arrondissement monarchiste les souvenirs d'un fonctionnaire républicain universellement estimé et regretté. En 1885, il passait à Bordeaux, comme conseiller de préfecture de première classe, et l'année suivante, refusant tout avancement, il venait au même titre à Versailles, dans le département où il avait ses intérêts personnels. Le voisinage et le séjour de Paris lui étaient nécessaires pour mener à bonne fin ses travaux historiques.

En décembre 1888, invité par de nombreux électeurs à se présenter aux prochaines élections législatives, il ne voulut pas rester en fonctions à la veille du scrutin, et démissionna pour reprendre sa liberté d'action et préparer sa candidature.

C'est par des conférences, et non pas, comme tant d'autres, par des visites ou des sollicitations individuelles, que M. Albert Le Roy a conquis et rassemblé des sympathies grandissantes. La conférence politique ou littéraire est, à proprement parler, le genre où il excelle. Maintes fois, dans la salle du boulevard des Capucines, en province pour la Ligue de l'enseignement et les Associations philotechnique et polytechnique, ou pour des œuvres de propagande républicaine, M. Albert Le Roy a porté brillamment la parole. La vie parlementaire lui réserve de nouveaux succès, et l'épreuve des réunions publiques lui a toujours été favorable. A Paris, où il s'est présenté au Conseil municipal, patronné par les journaux républicains anti-autonomistes, tels que *le Temps*, *le Siècle*, *la République française*, il n'a échoué en mai 1884 qu'avec un écart insignifiant. Son concurrent socialiste-autonomiste, dans le quartier de la Sorbonne, était proclamé à une voix de majorité absolue, invalidé, puis réélu.

Actuellement, en Seine-et-Oise, M. Albert Le Roy a la bonne fortune de n'avoir jamais été candidat à la députation et d'arriver au moment propice où le Suffrage universel veut de jeunes talents et de vraies honnêtetés. Étranger par goût aux affaires de bourse et de spéculation, ni besogneux ni très riche, mais indépendant, profondément dévoué depuis douze ans à la cause démocratique, il peut donner aux affaires son temps et son énergie, sans jamais rien aliéner de sa liberté.

Le Comité Républicain de la première circonscription de Versailles (pour les cantons de Saint-Germain, Argenteuil, Meulan et Poissy), comité où figurent des conseillers généraux, des maires, et les notabilités les plus influentes du parti, a reconnu et consacré les mérites de M. Albert Le Roy, en lui offrant la candidature, à l'unanimité.

« C'est un nouvel Albert Joly », disent, après l'avoir entendu, les électeurs de cette circonscription qui ont eu, de 1876 à 1880, pour représentant le regretté Albert Joly, enlevé si prématurément. M. Albert Le Roy, en effet, comme son devancier, apporte la flamme de la parole, l'ardeur du républicanisme, la sincérité des convictions, la jeunesse de l'âme jointe à la maturité de l'esprit. Les hommes les plus éminents du parti républicain, qui ont provoqué et qui soutiennent sa candidature, savent qu'il y a en lui la promesse d'un député laborieux et honnête, n'ayant d'autre passion que celle de la liberté, d'autre haine que celle de la dictature.

G. L.

LA

# FRANCE PARLEMENTAIRE

# ÉDOUARD JACQUES

PRÉSIDENT DU CONSEIL GÉNÉRAL DE LA SEINE
CONSEILLER MUNICIPAL

# ÉDOUARD JACQUES

Il y a une coterie de petits politiciens qui se plaît à nous opposer la constitution et les mœurs de l'Amérique du Nord, et ce qu'ils voudraient pardessus tout nous faire admirer, c'est la grande facilité pour tous d'arriver aux charges publiques et cet heureux caractère qui fait qu'un négociant s'applique tour à tour, avec la même placidité et les mêmes soins, de son commerce propre ou des intérêts communaux. Assurément ces mœurs sont admirables sous plus d'un rapport, et nous sommes les premiers à reconnaître que l'établissement d'une caste sociale uniquement composée d'hommes politiques n'ayant jamais vécu que de la politique et ne devant jamais vivre que de cela, serait une institution éminemment funeste pour quelque pays que ce soit; nous pensons aussi que ce n'est point une mauvaise chose que les charges publiques soient accessibles à de simples commercants, parce qu'il y a autant de chances de rencontrer parmi les commerçants dont les affaires prospèrent de bons édiles et d'excellents comptables de la fortune publique que dans n'importe quelle autre situation sociale. Nous sommes d'autant plus à notre aise pour convenir de cette vérité que parmi les hommes d'Etat les plus en vue de notre troisième République, quelques-uns ne sont arrivés à gérer les affaires publiques qu'après s'être montrés de bons et de prudents administrateurs de leur propre fortune. Parmi ceux-ci il convient de citer, au premier rang, M. Édouard Jacques.

M. Edouard Jacques est né en 1828 à Saint-Omer. Il avait dix-huit ans à peine quand il resta chef de famille. N'ayant pas de fortune, il s'imposa la tâche de subvenir aux besoins des siens, et pendant dix ans, en faisant du journalisme et en s'adonnant à l'enseignement, il parvint à s'acquitter de cette tâche avec un zèle et un courage au-dessus de tout éloge. Au bout de dix ans la tâche qu'il avait assumée touchait à sa fin, et désormais plus maître de son temps et de sa personne, il s'en vint à Paris.

Il entra d'abord comme simple employé dans une importante maison de distillation, son zèle et sa parfaite intelligence des affaires contribuèrent pour une large part à la prospérité de cette maison dont il devint associé et dont il est aujourd'hui seul et unique propriétaire; entre ses mains, cet établissement est devenu l'un des plus prospères parmi ceux que nous possédons. Voilà pour le commerçant et l'industriel, passons maintenant à l'homme politique.

Jamais, à aucune époque de sa vie, nous ne voyons Edouard Jacques, se désintéresser complètement de la politique. Il n'avait pas vingt ans qu'il présidait déjà à Lille un cercle démocratique et social, et qu'il prenait part à la Révolution de 1848. Pendant l'Empire, M. Jacques tout en élargissant le cercle de ses affaires commerciales, faisait au Gouvernement une sourde opposition, et en 1871, le quartier de Plaisance, voulant rendre hommage à la ferveur de ses opinions républicaines, l'envoya siéger au Conseil municipal dont il n'a plus, depuis ce moment, cessé de faire partie.

Dans cette assemblée, il s'est fait une place parmi les hommes d'affaires, laissant quelque peu de côté les questions exclusivement politiques, étudiant sérieusement, au contraire, les questions financières et économiques. Il a présidé avec une réelle compétence la commission du budget, les commissions de finances, les commissions de vérifications des comptes de la Compagnie du gaz, etc. Il s'est occupé également de l'enseignement et fait partie du conseil départemental de l'instruction publique, du conseil académique de Paris, et préside le conseil d'administration du collège municipal de Rollin. Il a tenu également à honneur d'apporter son concours à plusieurs associations de tir et de gymnastique et à plusieurs sociétés de secours mutuels, notamment celle du XIVe arrondissement dont il est président et au sujet de laquelle il a été honoré de la médaille d'or. Ajoutons qu'il a été réélu pour la troisième année président de l'Association philotechnique. Les services signalés qu'il a ainsi rendus ont été successivement récompensés par la rosette d'officier de l'Instruction publique et la croix de chevalier de la Légion d'honneur.

Le Conseil municipal l'avait inscrit en 1882 en tête de la liste des candidats aux fonctions de receveur municipal dont le traitement est de 40,000 francs; il a refusé, par un scrupule des plus honorables, parce qu'il n'avait obtenu pour cette place qu'une majorité de deux voix.

Lorsqu'il fut nommé Président du Conseil général, M. Jacques s'attacha surtout à écarter les questions de politique pour amener le Conseil général à se consacrer le plus possible à la gestion des affaires départementales. Ajoutons qu'il y réussit la plupart du temps.

S'il s'est abstenu, en effet, dans quelques votes politiques, qui d'ailleurs ont été annulés par décrets, il a du moins toujours approuvé les revendications autonomistes et les propositions de laïcisation de tous les services communaux se rattachant à l'enseignement ou à l'assistance publique; il a voté également la création des lycées de filles, l'abaissement du prix du gaz et la création de logements à bon marché.

Les élections de M. Jacques se sont toujours faites à des majorités énormes. et cela sans qu'il ait, le plus souvent, adressé à ses électeurs de circulaire-programme. C'est ainsi qu'en 1887 il a eu 4.632 voix sur 5.963 votants.

En janvier 1887, les congrès républicains de la Seine choisirent M. Jacques comme le porte drapeau de la République contre la tentative réactionnaire et factieuse de M. Boulanger. M. Jacques accepta patriotiquement ce devoir, mais sans se faire illusion sur le peu de chance que l'on a à vouloir lutter contre certains mouvements de l'opinion. En effet, l'opinion, en France, est sujette à des emballements quand surgit tout d'un coup un partisan qui semble beau joueur, surtout s'il se réclame de théories gouvernementales nouvelles et séduisantes. Mais que la lumière se fasse, que le beau joueur apparaisse un instant comme un homme qui tient davantage à son bien-être et à sa glorification personnelle qu'au triomphe de ses idées, que la foule apprenne de source certaine que les théories gouvernementales qui l'ont séduites sont creuses, ineptes, pleines de pièges pour les libertés publiques qui lui sont les plus chères, et l'opinion, généreuse avant tout, brûlera ce qu'elle avait adoré : tel aura été le cas de M. Boulanger. Aujourd'hui, que l'exécution qu'a faite la Haute-Cour de ce vulgaire ambitieux a mis fin à la légende qui s'était créé autour de son nom, l'issue de la lutte est moins douteuse. Il faut dire cependant qu'au 27 janvier, qui était certainement le plus mauvais moment pour lutter, M. Ed. Jacques obtint encore 162,000 suffrages, et il convient d'ajouter que ces suffrages étaient bien exclusivement républicains.

M. Édouard Jacques a toujours été au premier rang des réformateurs intelligents; c'est lui qui prenait l'initiative de l'érection d'une statue à Danton, et qui écrivait le rapport autorisant M. Eiffel à planter deux des pieds de sa tour sur un terrain communal, au moment où l'érection du gigantesque monument soulevait le plus de réclamations.

Si l'on voulait d'ailleurs récapituler tous les travaux auxquels M. Jacques a attaché son nom, on resterait frappé de l'activité qu'il a dû déployer pour mener de front tant de travaux divers : Rapports généraux sur les budgets municipal et général, sur la question de finances, d'enseignement, sur toutes les questions diverses dont il consentait à se charger, actuellement encore comme membre de la grande Commission de contrôle des finances de l'Exposition, etc., etc.

On a dernièrement agité la question de savoir si, pour rendre plus complète la compétence des membres de nos Chambres législatives, il n'y aurait pas lieu d'établir une sorte de gradualité dans les fonctions électives, c'est-à-dire d'exiger des candidats au mandat de député un certain stage dans les conseils municipaux et généraux. Certes, si ce projet renouvelé d'une motion de Mirabeau à l'Assemblée nationale recevait jamais une sanction, M. Ed. Jacques se trouverait singulièrement à l'aise, car personne, croyons-nous, ne pourrait comme lui s'autoriser de vingt ans d'une gestion ininterrompue des affaires municipales et départementales et cela dans des conditions particulièrements difficiles, pour solliciter un mandat pour lequel bien peu de candidats ont autant de titres que lui. Les électeurs de M. Jacques l'ont d'ailleurs bien compris. Après le désarroi qui s'était un instant produit, nous les voyons revenir plus nombreux vers lui, et le nombre de voix qu'il vient d'obtenir au premier tour de scrutin fait suffisamment présager son succès final.

Émile LAVALLÉE.

LA

# FRANCE PARLEMENTAIRE

# CH. FLOQUET

ANCIEN PRÉSIDENT DU CONSEIL DES MINISTRES

DÉPUTÉ

# CH. FLOQUET

M. Floquet est l'une des personnalités les plus en vue du parti républicain. Successivement appelé à quelques-unes des plus hautes situations de la République, il a laissé partout le souvenir d'un républicain convaincu de l'évolution nettement démocratique de la société actuelle, et d'un homme d'État désireux de favoriser cette évolution par tous les moyens légaux. S'étant de bonne heure tracé un programme de gouvernement qu'il croyait de nature à satisfaire les aspirations du pays, il a marché dans cette voie d'un pas ferme et continu sans jamais transiger avec les faits ou avec les personnes pour arriver plus rapidement au pouvoir, ou pour le conserver plus longtemps une fois qu'il y fut arrivé.

En 1848, c'est-à-dire à l'âge de vingt ans, M. Floquet fut admis à l'École d'administration fondée par Carnot, et qui devait être supprimée peu après. En 1851, il se faisait inscrire au barreau de Paris. Pendant le second Empire, sa vie fut celle de tous les républicains qui n'avaient rien abandonné de leurs convictions. Il plaida au Palais les procès politiques et de presse, il fit partie des comités d'élection démocratiques, il fut compris dans le procès des treize, il fut un des principaux orateurs de réunions électorales et anti-plébiscitaires, lui-même fut candidat dans l'Hérault et la Côte-d'Or, mais il échoua naturellement devant le candidat officiel.

Après le 4 septembre, M. Floquet fut adjoint au maire de Paris, qui était alors M. Arago. Il se démit de ses fonctions à la suite du 3 octobre, et fut élu député de la Seine aux élections du 8 février 1871.

A l'Assemblée nationale, il vota avec tout le parti radical contre l'acceptation des conditions de paix et contre le transfert de la Chambre à Versailles. Quand l'insurrection devint menaçante, il employa tous les moyens en son pouvoir pour arrêter l'effusion du sang; il donna sa démission de député au moment ou la lutte s'engageait. Il courut s'enfermer dans Paris pour partager les souffrances de la population qui l'avait élu; peu après, avec quelques-uns de ses amis politiques, il résolut de s'en aller à Bordeaux tenter une transaction avec le Gouvernement de la Défense nationale. Mais il avait à peine franchi les murs de Paris qu'il était arrêté par ordre du Garde des Sceaux et détenu pendant 27 jours.

M. Floquet qui avait donné tant de preuves de son attachement à la population parisienne, échoua cependant aux élections du 2 juillet 1871. Mais l'année suivante, à la démission de M. Mottu, il était nommé conseiller du XIe arrondissement. Réélu en novembre 1874 à une très forte majorité, il devint vice-président, puis président du Conseil municipal. Enfin, le 20 février 1876, il était porté à la députation par son arrondissement et élu à la presque unanimité des suffrages avec le programme de Laurent-Pichat. A la Chambre, il vint s'asseoir à l'Extrême-Gauche et ne tarda pas à devenir l'un des orateurs les plus écoutés du parti radical.

Nous passerons rapidement sur la vive opposition qu'il fit à la politique du 16 mai et sur la campagne qu'il poursuivit les années suivantes, tant en province qu'à Paris, pour obtenir le triomphe des idées progressistes dont il était le représentant le plus autorisé.

Le 5 janvier 1882, un décret nommait M Floquet préfet de la Seine en remplacement de M. Hérold. Il donna aussitôt sa démission de député de la Seine, son arrondissement électoral étant compris dans le ressort de ses fonctions. Dès le mois de juillet, le Gouvernement ayant annulé un vote du Conseil municipal de Paris demandant la création d'une mairie centrale, M. Floquet donna sa démission de préfet, mais il la retira sur les instances du Conseil municipal. Il se retira cependant définitivement après avoir été élu, le 22 octobre 1882, député de Perpignan.

Assis de nouveau sur les bancs de la gauche radicale, il déposa le 16 janvier 1883 une proposition de loi tendant à expulser les familles dynastiques et à priver de leurs droits civils les membres de ces familles. Au Congrès de 1884, il présenta un amendement relatif à la question des prérogatives financières de la Chambre, et au mois de décembre de la même année, lorsqu'on discuta au Palais-Bourbon la réforme électorale du Sénat, il réclama l'élection de la haute assemblée au suffrage universel direct. La Chambre lui donna raison contre M. Waldeck-Rousseau, ministre de l'intérieur, mais il convient d'ajouter qu'elle se déjugeait quelques semaines plus tard.

Le 8 avril 1885, M. Floquet fut élu président de la Chambre, en remplacement de M. H. Brisson, devenu président du Conseil. L'habileté dont il fit preuve dans ces hautes fonctions, ses traits d'esprit, ses conseils pleins de bon sens, le soin qu'il apporta à faire respecter de tous la Constitution républicaine et à placer au-dessus des partis la forme du gouvernement, appelèrent sur lui l'attention en même temps que les sympathies des membres de la Chambre, résolus à soutenir un gouvernement d'ordre et de progrès.

Le 30 mars 1888, après la démission du ministère Tirard, le Président de la République fit appeler M. Floquet et le chargea de constituer un nouveau cabinet. Le 3 avril, M. Floquet se présentait devant la Chambre avec les collaborateurs qu'il s'était choisi, et il affirmait son désir très ferme d'entrer dans la voie des réformes et de réaliser, non dans l'immobilité, mais, dans la marche en avant, la concentration républicaine. Il prenait en même temps l'engagement de déposer avant la fin de la législature, un projet de revision constitutionnelle.

Le Sénat et les modérés de la Chambre accueillirent sans beaucoup de bienveillance le nouveau cabinet; la campagne contre le ministère fut surtout menée dans la presse pendant les vacances de Pâques. Mais, dès la rentrée des Chambres (19 avril), M. Floquet posa si nettement et avec tant de hardiesse la question de confiance qu'il rallia à lui les indécis et obtint le vote qu'il sollicitait à une majorité telle que l'autorité du nouveau cabinet se trouva mieux assise que jamais. D'ailleurs, le péril boulangiste grandissait, et l'on éprouvait de toutes parts le besoin de se serrer autour d'un homme énergique et qui ne pouvait être soupçonné de prêter un seul instant la main aux entreprises louches d'un soldat indiscipliné.

Le 4 juin, en effet, M. Boulanger lut à la Chambre ses propositions de revision. Aussitôt M. Floquet montait à la tribune et lui répondit dans un discours énergique qui serait tout entier à citer et qui restera, certainement comme l'un de ses plus beaux mouvements oratoires. Quelques jours plus tard, à propos d'une interpellation de M. Flourens, M. Floquet obtenait encore un ordre du jour de confiance par 270 voix contre 158. Enfin arriva la journée du 12 juillet où M. Boulanger, désireux de toujours maintenir sur lui l'attention publique, se rendit à la Chambre, et, dans un mouvement simulé d'indignation, donna sa démission de député qu'il avait toute rédigée dans sa poche. Le duel oratoire qui eut lieu entre le général et le président du conseil eut pour conclusion une rencontre à Neuilly. A la deuxième reprise, M. Floquet, touché à la main gauche et au-dessus du sein droit, blessa gravement le général dans la région du cou. Le même jour, à trois heures de l'après-midi, le président du conseil arrivait place du Carrousel, où allait être inaugurée la statue de Gambetta, montait sur l'estrade officielle aux applaudissements de la foule et prononçait, sans émotion apparente, un discours remarquable. Le sang-froid de M. Floquet durant cette journée, l'issue du duel et ce simple fait d'un avocat perçant tranquillement la gorge d'un général ami de la réclame ne contribuèrent pas peu à accroître la popularité du Président du Conseil.

Dans les divers voyages officiels qu'il eût l'occasion de faire, M. Floquet exprima à diverses reprises, comme il l'avait d'ailleurs fait à la Chambre, son désir très sincère d'appliquer à bref délai les points essentiels de son programme de gouvernement : revision de la Constitution dans un sens plus favorable à la souveraineté du suffrage universel, remaniement de notre système d'impôts en vue d'une répartition plus équitable, législation des associations, etc. Mais la Chambre, qui s'était jusqu'alors montrée favorable à ses desseins, pensa, après la déplorable élection du 27 janvier 1889, qu'il fallait remettre à plus tard tout projet de revision, et M. Floquet, fidèle à la parole qu'il avait donnée, se retira aussitôt.

Si l'on veut rechercher les causes de l'extrême popularité de M. Floquet, on les trouvera dans la permanence de ses opinions, dans la crânerie intelligente et réfléchie qui lui fait lutter corps à corps avec les situations les plus difficiles, sans songer à les éviter ou à les tourner, dans son éloquence chaude et vibrante, vraiment *révolutionnaire* au sens oratoire du mot, semée de métaphores hardies, d'images faites pour frapper le peuple et impressionner les assemblées. Joignez à cela de réelles qualités d'homme d'État, et il est aisé de préjuger quel rôle considérable M. Floquet est appelé à jouer encore dans le gouvernement de la République.

P.-L. R.

LA

# FRANCE PARLEMENTAIRE

# HENRI BRISSON

Ancien Président du Conseil des Ministres
Député

# Henri BRISSON

M. Henri Brisson, par la fermeté de ses convictions républicaines et l'unité de sa carrière politique, comme par son grand talent oratoire et son extrême désintéressement est l'un des hommes qui honorent le plus la démocratie de France.

Le père de M. Henri Brisson, avoué devant la Cour d'appel de Bourges, était l'un des plus fermes républicains du département du Cher. Il éleva son fils dans ses convictions politiques, et le jeune Henri, qui était venu faire son droit à Paris, fondait à l'âge de dix-neuf ans, avec le concours de ses amis Vacherot, F. Morin, Pelletan, Barne, Despois, l'*Avenir*, le premier journal républicain qui ait vu le jour au quartier latin.

Reçu avocat, il se fit inscrire au barreau de Paris. Son talent oratoire commença à se révéler dans les loges maçonniques où il se fit admettre en 1856. En même temps, il prenait une place importante comme écrivain par les articles qu'il publiait dans le *Phare de la Loire* (1861), dans le *Temps* (1864) et dans l'*Avenir national* (1868). Enfin, il fondait une nouvelle publication, *la Revue politique* que le Gouvernement impérial ne tardait pas à supprimer à l'occasion d'un article que lui-même y publia.

Aux élections complémentaires de Paris en 1869, M. Henri Brisson se présenta comme candidat démocratique dans la quatrième circonscription; mais au second tour de scrutin il se retira devant la candidature de Glais-Bizoin.

Nommé après le 4 septembre adjoint au maire de Paris, il donna sa démission le 3 octobre, et fut élu député aux élections de février 1871, par 115,594 voix. Peu de temps après il déposait une proposition d'amnistie pour tous les crimes politiques, et votait un peu plus tard les lois constitutionnelles.

Renvoyé à la Chambre, en février 1876, par les électeurs du X$^{e}$ arrondissement, il lutta de tous ses efforts contre la tentative réactionnaire du 16 mai et fut élu de nouveau aux élections du 14 octobre.

A l'ouverture de la session de 1879, M. Henri Brisson fut élu vice-président de la Chambre. Nommé rapporteur de la Commission chargée de faire une enquête sur les élections des 14 et 28 octobre 1877, il demanda la mise en accusation des Ministres du 16 mai. Il était appelé cette même année à la présidence de la Commission du budget.

M. Henri Brisson succéda à Gambetta, le 3 novembre 1881, comme président de la Chambre des Députés et il devait garder ces fonctions jusqu'au jour où lui-même allait être appelé à former un Cabinet. Les hommes de tous les partis ont rendu hommage au tact et au sang-froid avec lesquels il dirigea les débats parlementaires, et ses collègues ont dû regretter plus d'une fois de ne pas le voir assis au fauteuil de la présidence au cours de la dernière législature.

Le 29 mars 1885, eut lieu à la Chambre cette fameuse séance, au cours de laquelle le ministère Ferry fut renversé à la nouvelle de la défaite de Lang-Son. La haute situation qu'occupait en ce moment M. H. Brisson, le désignait tout naturellement au choix du Président de la République pour opérer la concentration des forces républicaines. M. Brisson accepta cette mission, mais seulement après que les efforts de MM. de Freycinet et Constans eurent échoué. Il prenait définitivement le 6 avril, avec la présidence du conseil, le portefeuille de la justice.

Une fois à la tête des affaires, M. H. Brisson se déclara résolu à poursuivre résolûment l'exécution de la Convention de Tien-Tsin, conclue le 11 mai 1884, entre la Chine et la France; mais en même temps il s'engagea à ne pas modifier le caractère de l'expédition sans le consentement du Parlement. Des crédits importants lui furent accordés, mais il n'eut pas à les employer, car la paix était conclue au moment même où tombait le cabinet Ferry.

Bien que le nouveau cabinet fut d'une couleur plus accentuée que le précédent, M. Brisson se trouvait cependant réduit par les circonstances à cette alternative, ou de donner libre cours à ses opinions personnelles et à se faire renverser par la majorité modérée de la Chambre, ou à continuer avec un cabinet de concentration républicaine, la politique du précédent cabinet. C'est ainsi que, pendant son passage au pouvoir, M. Brisson, dans un intérêt d'union républicaine, fit des concessions aux radicaux sur des points de détail et, poussé par la force des choses, ne s'écarta point de la ligne suivie par son prédécesseur, de sorte qu'il s'usa prématurément au pouvoir sans avoir pu faire un essai loyal de sa politique.

Un certain nombre de discussions importantes du domaine de la politique intérieure occupèrent la présidence de M. Brisson et le menèrent jusqu'aux approches des élections législatives d'octobre 1885 : telles sont celles qui aboutirent à l'adoption de la loi sur les récidivistes et à la loi substituant le scrutin de liste au scrutin d'arrondissement. Au mois de mai, à l'occasion des funérailles de Victor Hugo, un décret prononçait la désaffectation du Panthéon.

Le 4 octobre 1885 sur 574 députés qu'avait à élire la France, 176 réactionnaires et 127 républicains furent élus. Devant ce résultat imprévu on se demanda non sans quelque inquiétude, si la République n'était pas en danger et si le scrutin de ballottage n'allait pas lui être fatal. Pour faire face contre l'ennemi commun, on n'hésita pas à voter pour des candidats républicains dont on ne partageait point absolument toutes les idées, mais qui avaient le plus de chance de passer au second tour de scrutin. C'est ainsi que le vote du 18 octobre fit entrer à la Chambre 244 républicains et 25 réactionnaires.

Après avoir déblayé le terrain parlementaire en faisant voter les crédits de l'expédition du Tonkin et le renouvellement des pouvoirs du Président de la République, M. Brisson remettait la démission du cabinet qu'il présidait, et depuis, quoique assidu comme personne aux séances de la Chambre, il s'est tenu dans un effacement voulu. A voir ce qui s'est passé dans la dernière législature, les hommes de tous les partis qui ont rendu hommage à l'extrême loyauté de M. H. Brisson et à la hauteur de ses vues n'ont pu que regretter son abstention, car la République n'aurait qu'à gagner d'être gouvernée par de tels hommes.

Dans les derniers jours de la législature de 1889, M. Brisson, dans un magnifique et vibrant discours de foi républicaine, adjurant ses collègues de voter les lois de défense du suffrage universel, récoltait les applaudissements du parti républicain tout entier, et son discours recevait les honneurs de l'impression et de l'affichage dans toutes les communes de France.

Nous ne saurions mieux faire en terminant ces quelques lignes, que de détacher de la profession de foi qu'il adresse aux électeurs du X° arrondissement, les sages conseils que nous soumettons aux méditations des républicains : « Pour retenir la démocratie dans les voies de la République et de la liberté, ce qu'il importe, en effet, de lui montrer, c'est la marche en avant.

« Sur la revision, nous pensons de même. Oui nous devrons, entre républicains fidèles, améliorer nos institutions, imprimer plus de rapidité et de sûreté au travail législatif, à la réalisation des réformes ; mais vous ne voulez pas remettre la République en question par la convocation d'une Constituante maîtresse absolue de vos destinées. »

G. BOYER.

# LA
# FRANCE PARLEMENTAIRE

# LEON SAY

MEMBRE DE L'ACADÉMIE FRANÇAISE
SÉNATEUR

# LÉON SAY

A ceux qui prétendent que notre Parlement ne renferme plus que des politiciens aux vues intéressées, aux idées étroites, aux appétits formidables, il nous reste encore à opposer quelques gloires incontestablement pures et désintéressées. Parmi ces noms l'un des plus indiscutables est assurément celui de M. Léon Say.

C'est une des misères de notre temps que la foule se groupe autour des hommes qui font le plus de tapage, et accepte pour maîtres ceux qui s'imposent à elle avec le plus d'audace, tandis qu'elle délaisse les hommes utiles et modestes, et ne songe pas à recourir, dans les moments difficiles, à ceux qui, en d'autres temps, ont le plus sagement géré ses affaires et opéré, dans leur passage au pouvoir, le plus de réformes heureuses.

Ce qui caractérise la génération actuelle, c'est qu'elle oublie vite, et si quelque chose devait la condamner, c'est qu'on soit obligé de temps à autre de lui remettre en mémoire les états de services de certains hommes comme M. Léon Say.

M. Léon Say est en effet l'un de ceux dont le passage au pouvoir a été marqué par le plus de réformes utiles et par une reprise exceptionnelle des affaires, et pourtant telle est l'injustice des masses, que son nom a été de l'un ceux qui ont été le moins prononcés dans les temps difficiles que nous venons de traverser.

De l'économiste nous ne dirons rien; tout le monde connaît sa valeur, et il appartient à une famille dont chaque membre se fait un point d'honneur d'attacher son nom à quelque conquête nouvelle de cette science. L'homme politique, lui, apparaît brusquement après le 4 septembre, au lendemain de nos désastres.

Elu député à la fois par les départements de la Seine et de Seine-et-Oise, le 8 février 1871, il opta pour le premier. Appelé, cinq mois après, par M. Thiers, à la tête de la préfecture de la Seine, il réorganise les services municipaux, divise l'administration centrale en trois grandes directions correspondant aux finances, à l'administration générale et aux travaux publics; il détermine la situation budgétaire de la ville de Paris, il fait voter par le Conseil municipal un projet d'emprunt dont l'émission obtient un succès complet; il met à l'étude les plans de reconstruction de l'Hôtel-de-Ville, il rouvre la Bibliothèque municipale à Carnavalet, et il réorganise l'instruction primaire sur des bases plus solides. C'est sous son administration et à son instigation que le réseau des tramways prend le développement que nous lui connaissons aujourd'hui, et que les communes de la banlieue sont dotées des chemins de fer d'intérêt local qu'elles réclamaient depuis si longtemps. Enfin il reconstitue les actes de l'état civil, et détermine le montant des dommages causés par les deux sièges.

Pas un préfet de la Seine n'a été mis à la tête de ce département dans des circonstances aussi difficiles; pas un n'a déployé plus de sang-froid et plus de science administrative au milieu des difficultés qui surgissaient journellement : pas un n'a eu tant de bonheur dans les solutions que lui fournissait à l'instant son expérience des affaires.

Le 7 septembre 1872, M. Léon Say fut appelé par M. Thiers au ministère des Finances, et c'est en cette qualité qu'il signa, en janvier 1873, la fameuse convention pour la libération du territoire. Renversé au 24 mai, il vint siéger au centre gauche qui l'élut président.

Appelé de nouveau aux affaires au commencement de 1875, il représente dans le cabinet du 10 mars l'élément libéral et républicain, tandis que M. Buffet représentait l'élément réactionnaire. Nous ne parlerons pas ici des luttes restées célèbres entre les deux ministres, ni du retentissant discours du château de Stors où M. Léon Say fit un magnifique panégyrique de la politique de M. Thiers, ni de la circulaire électorale qu'il signa de concert avec MM. Feray et Gilbert Boucher à l'occasion des élections sénatoriales de janvier 1876. La colère de M. Buffet avait été portée à son comble par ces différentes manifestations, mais le maréchal de Mac-Mahon, éclairé sur la haute valeur de l'homme qui était à la tête de nos finances, lui maintint sa confiance malgré les insinuations les plus pressantes du ministre réactionnaire; il put ainsi élaborer le premier budget qui fut voté par une Chambre républicaine. M. Léon Say, élu sénateur de Seine-et-Oise, le 30 janvier 1876, garda encore son portefeuille dans les ministères Dufaure et J. Simon, et à la chute de celui-ci il s'associa à la protestation des gauches contre la tentative réactionnaire du 16 mai.

De nouveau ministre des finances dans le cabinet Dufaure (14 décembre 1877), il se met d'accord avec M. de Freycinet sur la nécessité de racheter un certain nombre de chemins de fer, et de donner aux grands travaux d'utilité publique une impulsion plus vive. Il présente à la Chambre (février 1878) plusieurs projets de lois : sur la création dune dette amortissable par annuités, sur l'ouverture, au chapitre 'des travaux publics, d'une somme de 331 millions pour le rachat des chemins de fer, et sur l'émission d'une même somme de rentes 3 0/0 amortissables; enfin, il prend l'initiative (avril 1878) de cette réforme si importante et si populaire : l'abaissement du tarif postal.

Nommé par décret du 30 avril 1880 ambassadeur de la République française à Londres, il fut admirablement accueilli par la société anglaise qui savait apprécier à leur valeur son grand talent d'économiste et ses remarquables aptitudes financières; le grand discours qu'il avait prononcé à Londres quatre ans auparavant, à l'occasion de l'érection de la statue d'Adam Smith, était d'ailleurs encore présent à l'esprit de tout le monde, et n'avait pas peu contribué à accroître la sympathie qu'on avait toujours témoignée, de l'autre côté du détroit, aux membres de sa famille. Malgré tout, il ne conserva point longtemps ce poste. Appelé le 25 mai 1880 à la présidence du Sénat, il revint en France occuper avec un tact admirable le fauteuil présidentiel du Luxembourg au moment même où Gambetta dirigeait si magistralement de son côté les débats du Palais Bourbon.

Deux ans après M. Léon Say abandonnait cette haute situation pour reprendre pendant six mois encore (30 janvier-29 juillet 1882), dans le deuxième ministère Freycinet, le portefeuille des finances.

Depuis cette époque, M. Léon Say n'a plus fait partie des Conseils du Gouvernement. L'effacement momentané du Sénat, et le triomphe de la politique radicale ne sont évidemment point étrangers à cette détermination. Il serait cependant injuste de méconnaître le rôle important qu'il a joué dans les commissions parlementaires et la part très active qu'il n'a cessé de prendre dans la discussion des budgets de ces dernières années. Toutefois, il n'a pu oublier longtemps qu'un homme de sa valeur se devait plus complètement à son pays. Laissant là les études paisibles dans lesquelles il se complaisait, il rentre brusquement en scène par un coup de maître, en acceptant d'échanger son siège sénatorial contre celui de député des Basses-Pyrénées.

Ce n'est pas en vain que M. Léon Say, qui a présidé au relèvement et au triomphe de nos finances après nos désastres, franchira de nouveau le seuil du Palais-Bourbon; sa seule présence à la Chambre des Députés sera un témoignage du réveil en France de la doctrine libérale, et il sera un exemple pour ceux qui, dans les circonstances difficiles, hésitent à payer de leur personne ou désespèrent trop vite du salut du pays. Ch. L.

LA

# FRANCE PARLEMENTAIRE

# JOSEPH REINACH

DIRECTEUR DE LA « RÉPUBLIQUE FRANÇAISE »
DÉPUTÉ

# JOSEPH REINACH

S'il est un homme qui, avant de briguer une seule des faveurs du suffrage universel, ait complètement fait auprès de ceux dont il se proposait d'être le mandataire, la preuve de ses convictions politiques, de son activité, de ses qualités de savant, d'écrivain, de lutteur, et aussi de ses aptitudes d'administrateur (nous en donnerons la preuve tout à l'heure) ; s'il est un homme qui, avant de solliciter les suffrages de ses compatriotes, se soit montré tel qu'il était, sans arrière-pensée, disant franchement d'où il venait et où il tendait, sans que l'on ait pu trouver dans le cours de son existence mise à nu un acte ou une parole qui ne fût point hautement avouable, ou seulement qui ne fut point en parfait accord avec les opinions qu'il affichait, assurément cet homme est M. Joseph Reinach. Le fait est assez rare pour mériter qu'on s'y arrête.

Et d'abord, un mot du savant. M. Joseph Reinach cache, en effet, sous sa qualité de brillant polémiste, un fond d'instruction qu'il est rare de rencontrer chez ceux qui font métier d'écrire dans les feuilles publiques. Après de brillantes études au lycée Condorcet, il obtint au concours général des succès qui sont restés légendaires dans les écoles. Il entra à l'Ecole normale supérieure, qui semble être une des pépinières où se recrutent les jeunes hommes d'Etat de la troisième République, puis il fit son droit à la Faculté de Paris. Entre temps, il publiait son livre sur *la Serbie et le Monténégro* et faisait paraître dans la *Revue politique et littéraire* une série d'articles qui le classaient d'emblée parmi les écrivains qui manient la plume avec le plus de force et d'élégance. Afin de mûrir son talent au contact des civilisations anciennes, il acceptait de remplir en Orient plusieurs missions scientifiques que lui confiait le Gouvernement ; il s'en acquittait avec un rare bonheur, et rapportait de ces pays lointains ses deux volumes de *Voyages en Orient* qui sont aux mains de tout le monde. A son retour, il s'occupait de la rédaction du *Manuel de l'instruction primaire*, qu'il écrivait en collaboration avec M. Ch. Richet, et, tout récemment, il faisait paraître un nouveau volume d'*Essais d'histoire et de littérature*.

L'écrivain, on le connaît. Distingué par Gambetta quand il avait vingt ans à peine, il entrait à la *République française* dont il devait plus tard devenir le directeur. Par son talent bien personnel, il s'y créait de suite une place à part à côté des Spuller, des Challemel-

Lacour, des Allain-Targé, des Rouvier, et il est un de ceux qui ont le plus honoré la presse française par le désintéressement de leur plume et la hauteur de leurs vues. Son rôle d'écrivain ne se bornait pas là. Mû par un sentiment pieux de reconnaissance pour l'homme qui l'avait à ses débuts aidé de ses conseils, il élevait à Gambetta le monument dont le grand patriote pouvait être le plus fier : il réunissait dans une importante publication l'ensemble de ses discours qu'il accompagnait de notices et de commentaires, et il publiait en même temps une remarquable histoire du *Ministère Gambetta* que Paul Bert proclama un chef-d'œuvre.

Le lutteur? Il est devenu célèbre dans ces derniers mois. Déjà, sous le 16 Mai, il avait laissé entrevoir ce côté particulier de son talent lorsqu'il fit paraître cette brochure qui fit tant de bruit : *La République ou le gâchis*. Mais c'est tout récemment qu'il donna plus complètement carrière à son talent de polémiste. M. Reinach fut en effet l'un des premiers qui démasqua la coupable ambition de M. Boulanger, et de ce moment ç'a été chaque jour entre lui et la cohorte boulangiste une lutte acharnée, implacable, qui s'est terminée par l'effondrement de la légende qui s'était formée autour du soldat factieux. Les trois volumes où se trouvent réunis les articles de M. J. Reinach : *La Foire boulangiste*, *le Cheval noir* et *Bruno le Fileur*, resteront comme le témoignage des efforts heureux tentés par le directeur de la *République française* pour arracher notre pays à l'aventure boulangiste. Le talent déployé par M. Reinach au cours de cette campagne est incontestable, mais aujourd'hui que le danger est passé, nous avouons qu'à quelque hauteur qu'ait pu s'élever le polémiste, nous préférons encore, en M. J. Reinach, le travailleur laborieux en qui se révèle tour à tour le législateur, le jurisconsulte, l'agronome, l'économiste.

Nous avons parlé de l'administrateur. Il s'est révélé dans le poste de chef de cabinet que lui confia Gambetta quand il devint Président du Conseil en 1881. Ce poste était rendu plus périlleux par la situation qui était faite au grand patriote, par la responsabilité qui pesait sur lui, par ce que la France attendait de ses réformes, par la coalition que son arrivée au pouvoir avait déterminée parmi ses adversaires. Le chef de cabinet de Gambetta devait supporter le contre-coup de cette situation, mais il fut à la hauteur de sa tâche, et jusqu'au bout il fut le collaborateur de l'illustre homme d'État qui s'en venait mourir quelques mois plus tard, abreuvé d'injures et de calomnies, dans la petite maison de Ville-d'Avray.

Enfin la puissance du travailleur de cabinet s'est traduite par le livre sur *Les Récidivistes* d'où est sorti le projet de loi de M. Waldeck-Rousseau; par ses campagnes en faveur des lois ouvrières et de la protection de l'enfance, et par les nombreuses études qu'il a publiées sur la nécessité d'une protection plus étendue de notre agriculture et de notre industrie.

Et nous devons ajouter que ce n'est point la vie d'un vétéran de la politique et des lettres que nous esquissons ici, mais celle d'un homme de trente-trois ans. Parler maintenant de son activité serait, je crois, superflu.

Dans l'affreuse liquidation morale à laquelle nous avons assisté, il y a quelques mois, la mort dans l'âme, il n'est pas un républicain un peu en vue, surtout parmi ceux qui s'étaient donné la tâche de démasquer les adversaires du gouvernement, qui n'aient été en butte aux plus injurieuses calomnies. M. Joseph Reinach, lui, a été épargné par ceux-là même qu'il flagellait chaque jour jusqu'au sang. C'est que sa réputation est absolument inattaquable, et que les hommes qui font profession de salir les gens par des récits dénaturés, des imputations fausses, des insinuations hypocrites, ont perdu leur temps à chercher dans son existence, qui s'est cependant passée au grand jour, un seul acte ou une seule parole qu'avec un peu de bonne volonté on pût retourner contre lui. Ils en ont été pour leurs peines, et cette impuissance de la calomnie vis-à-vis de M. Reinach parle toute seule assez éloquemment.

Nous nous trompons pourtant : les ennemis de M. Reinach lui ont découvert une tare et ils se sont empressés de le faire savoir à tous les échos des Alpes où M. Reinach se trouvait être candidat à la députation, ils ont découvert qu'il était d'origine israélite. Que M. Reinach se rassure. Cette niaiserie de ses ennemis aux abois n'est point pour le toucher, ni lui ni ses amis, ni tous ceux qui l'ayant approché ont pu apprécier son réel talent, son profond patriotisme, sa parfaite générosité. Cela ne touche pas davantage les habitants des Alpes, qu'on a voulu nous représenter comme plus arriérés qu'ils ne le sont; ils ont estimé davantage, au contraire, l'homme assez courageux pour ne rien sacrifier à la mode, pour ne rien renier de ses attaches familiales, pour endosser crânement la responsabilité des situations sociales quelles qu'elles soient; ils se sont souvenus que les israélites ont été les trésoriers et les banquiers de la France aux jours sombres de notre histoire et que la Révolution a mis fin aux légendes cruelles. Ils n'ont pas hésité à confier à M. Joseph Reinach le soin de veiller à leurs intérêts dans la nouvelle Chambre, et s'ils se sont ainsi donné à eux un représentant actif et consciencieux, ils ont donné à la France toute entière, un législateur qui veillera avec un soin jaloux sur le maintien des libertés publiques, et d'autant plus utilement, qu'il est appelé à arriver aux plus hautes situations.

Ch. L.

LA

# FRANCE PARLEMENTAIRE

# ÉM. FLOURENS

Ancien Ministre des Affaires étrangères

Député

# ÉM. FLOURENS

S'il est une carrière qui suppose un ensemble de connaissances très spéciales, si ardues, si minutieuses, d'ordre si divers, qu'il semble que ce ne soit point trop de tout une existence pour les acquérir, c'est assurément la carrière diplomatique. De fait, s'il est assez commun de rencontrer des gens qui s'improvisent du jour au lendemain grands politiques et hommes d'État, il est plus rare d'en rencontrer qui aient la témérité de s'improviser grands diplomates, et ce respect que les parvenus des révolutions politiques ont toujours eu pour tout ce qui touchait aux relations extérieures est, à notre sens, le plus grand éloge qui puisse être fait de la diplomatie et des diplomates de la carrière.

Cela a été une vérité admise sous tous les régimes que le corps diplomatique ne devait point se recruter d'après les mêmes principes que les autres corps d'État. La troisième République elle-même, qui après la Révolution du 4 septembre appela dans toutes les branches de l'administration intérieure des hommes nouveaux, ne dérogea point à ces principes, et, comme tous les autres régimes, confia le soin de la représenter auprès des grandes puissances étrangères à des hommes qui avaient fait leur apprentissage diplomatique en d'autre temps, ou que de longues traditions de famille avaient mis au fait de cette véritable science. Les républicains les plus intransigeants se montrèrent d'ailleurs d'autant plus disposés à accepter cette situation, qu'il était aisé de voir qu'on avait eu la main assez malheureuse toutes les fois qu'on voulut exceptionnellement faire appel en ces matières au concours d'hommes nouveaux. Aussi l'on se rappelle quel fut l'étonnement général quand M. Goblet, chargé de former le cabinet du 13 décembre 1886, confia le ministère des affaires étrangères à M. Flourens que le grand public connaissait, il est vrai, comme Directeur des cultes, Conseiller d'État et jurisconsulte remarquable, mais non point encore comme un diplomate possédant des aptitudes précieuses. L'avenir cependant devait prouver que c'était un choix singulièrement heureux, mais M. Goblet lui-même l'ignorait peut-être en ce moment, s'il faut en juger par le dépit qu'il montra plus tard en s'apercevant de l'exceptionnelle compétence de la recrue que lui-même avait faite.

Fils aîné de l'illustre physiologiste, qui tint si haut pendant longtemps le drapeau de la science française, Emile Flourens fit son droit à Paris et entra comme auditeur au Conseil d'État. Très versé dans le droit international, il ne tarda pas à acquérir le renom d'un savant jurisconsulte. Gendre de l'économiste Michel Chevalier et beau-frère de M. Paul Leroy-Beaulieu, il occupa une chaire à l'École des sciences politiques, tout en remplissant les fonctions de maître des requêtes, puis de Conseiller d'État.

A deux reprises différentes, de juin 1879 à novembre 1881 et de février 1882 à mars 1885, il occupa le poste de Directeur des cultes, et en cette qualité il déploya une finesse remarquable dans ses rapports officiels avec les évêques diocésains. Un décret du 6 mars 1885 le nomma Président de la section de Législation, de la Justice et des Affaires étrangères au Conseil d'État. Comme Président du comité des protectorats, il prit une part active à l'organisation du Tonkin et de Madagascar. Ce fut à ce moment que M. Goblet, chargé de remanier le ministère Freycinet, confia à M. Flourens le portefeuille des affaires étrangères, dans des circonstances si difficiles qu'il avait dû renoncer à trouver un homme de la carrière pour occuper ce poste.

C'est un fait qu'il nous faut malheureusement noter, que depuis seize ans, tous les ministres qui étaient arrivés au pouvoir, investis de la confiance publique, loin de justifier les espérances que leur élévation avait fait naître, s'usaient rapidement et tombaient bientôt, indistinctement en butte aux récriminations de leurs adversaires politiques et quelquefois de leurs propres partisans.

M. Flourens est peut-être, dans ces dernières années, l'homme d'État qui justifia le plus complètement la confiance qu'on avait mise en lui, son influence grandit chaque jour dans cette situation ou tant d'autres avant lui s'étaient montrés défaillants, et il porta si haut à l'étranger le respect de la France que lorsqu'il crut devoir quitter le pouvoir, il ne se trouva personne, même parmi les adversaires du Gouvernement de la République, qui ne rendît justice au rare bonheur avec lequel il avait résolu toutes les graves difficultés internationales qui avaient surgi pendant son passage aux affaires.

Le premier résultat qu'obtint M. Flourens, et l'acte le plus populaire peut-être auquel il attacha son nom, fut le rapprochement très net de la Russie, que les fausses manœuvres de M. Waddington au Congrès de Berlin avaient profondément blessée. Puis survinrent coup sur coup deux circonstances fort critiques, notamment l'affaire Schnœblé, le commissaire de police de Pagny-sur-Moselle, victime d'un guet-apens, tendu par le commissaire de police allemand Gautsch (avril 1887), dans lesquelles le nouveau ministre fit preuve d'un sang-froid et d'une décision remarquables. Presque en même temps, il faisait céder l'Angleterre dans la question du canal de Suez, dont la neutralité est désormais garantie par une convention internationale.

L'un des titres de M. Flourens à la reconnaissance publique, celui cependant sur lequel la foule semble le moins éclairée, c'est d'avoir le premier compris le rôle néfaste que s'apprêtait à jouer le général Boulanger, et d'avoir, dans le cabinet même dont tous les deux faisaient partie, entrepris de lutter contre l'esprit brouillon du soldat qui dissimulait encore sous le masque son esprit de révolte.

M. Flourens conserva son portefeuille dans le cabinet Rouvier (30 mai 1887) et dans le cabinet Tirard (12 décembre 1887). Le 26 février 1888 il fut élu député dans les Hautes-Alpes, et trois jours après il était démissionnaire en même temps que tous ses collègues. M. Goblet lui succéda aux Affaires étrangères, et si, comme on l'a prétendu, il exigea ce portefeuille pour montrer qu'il avait toutes les aptitudes et qu'il n'était point si difficile de gérer les affaires extérieures, l'avis général fut que la démonstration n'avait point été faite.

Nous venons de traverser une période pénible dans laquelle tout le monde s'est jeté comme à plaisir de la boue à la tête. M. Flourens est l'un des rares hommes qui aient été épargnés, parce que, de fait, il est inattaquable. La vive sympathie qu'en plusieurs occasions les Cours étrangères lui ont témoignée, les jugements flatteurs qu'ont toujours portés sur lui les organes de la presse dans les pays de l'Europe dont l'amitié nous importe le plus, l'avidité avec laquelle on accueille dans le monde diplomatique les trop rares études qui sortent de sa plume, établissent assez quelle place importante il a su prendre dans les conseils de l'Europe. Son intégrité absolue, sa compétence et son habileté, dont les preuves sont faites, sa grande science de jurisconsulte sur laquelle nous ne pouvons nous étendre ici, lui assurent un rôle considérable au cours de la prochaine législature.

Ch. L.

LA

# FRANCE PARLEMENTAIRE

# JULES FERRY

ANCIEN PRÉSIDENT DU CONSEIL

DÉPUTÉ

# Jules Ferry

Retracer, même dans ses grands traits, la vie politique de M. Jules Ferry, c'est briser le cadre étroit de la biographie pour entrer de plein pied dans le domaine de l'histoire. C'est que jamais homme n'incarna plus complètement un système politique; jamais la mise en pratique d'une méthode de gouvernement n'a été poursuivie avec plus de fermeté, de ténacité et de prudence en même temps que ne l'a été le système de gouvernement de M. Jules Ferry; et enfin, il faut bien en convenir, parce que jamais système politique n'a si parfaitement convenu au pays auquel on voulait l'adapter, puisque, même après que M. Jules Ferry fut tombé du pouvoir, en butte aux haines les plus injustes, c'est encore son système politique qui a continué de prévaloir, ses successeurs n'en ayant trouvé aucun autre qui pût le remplacer avantageusement.

Nous passerons rapidement sur les premières années de la vie politique de M. J. Ferry. Né, on le sait, à Saint-Dié, il se fit inscrire en 1851 au barreau de Paris. Il collabora de bonne heure à la *Gazette des Tribunaux* et entra en 1865 dans la rédaction du *Temps*, où il écrivait plus particulièrement des articles financiers qui furent très remarqués. Ce fu. l'origine de la campagne qu'il entreprit contre la gestion des finances de la ville de Paris, campagne qui aboutit à la publication des *Comptes fantastiques d'Haussmann*. Entre temps, M. J. Ferry était compris dans le procès des Treize.

En 1869, M. J. Ferry, qui s'était déjà présenté à la députation en 1863, mais s'était presque aussitôt retiré devant la candidature de Garnier-Pagès, fut élu député dans la 6e circonscription de Paris, et il s'affirma aussitôt comme un orateur puissant avec lequel l'Empire devrait compter.

Proclamé membre du gouvernement de la Défense nationale le 4 septembre 1870, il était nommé secrétaire du gouvernement le 5 et délégué à l'administration du département de la Seine le 6 du même mois. Fait prisonnier lors de la tentative insurrectionnelle du 31 octobre, et délivré par la garde nationale, il est délégué à la mairie centrale de Paris après la démission d'Ét. Arago, le 15 novembre. Il eut, dans cette situation, à résoudre journellement les graves difficultés qui naissaient de l'état de siège, et il eut assez d'habileté et d'énergie pour réfréner les éléments de discorde qui commençaient à fermenter au sein de cette population d'habitants assiégés, rationnés, énervés.

Élu représentant à l'Assemblée nationale par le département des Vosges, il donna sa démission de membre du gouvernement, et conserva jusqu'au 18 mars la situation d'administrateur de la Seine. Après le second siège et l'entrée des troupes dans Paris, M Thiers le nomma Préfet de la Seine, mais il n'accepta cette situation que provisoirement, en attendant que M. Léon Say consentît à l'occuper lui-même. Peu après il était nommé Ministre de France à Athènes, et en cette qualité termina heureusement l'affaire des mines du Laurium. Il donna sa démission au renversement de M. Thiers, et vint entreprendre au Parlement, dans les rangs de la minorité, sa lutte en faveur de la réorganisation de l'enseignement. Nommé président de la gauche républicaine, il fut élu le 20 février 1876, par l'arrondissement de Saint-Dié, et réélu le 14 octobre, après la période du 16 Mai, contre laquelle il lutta naturellement de toutes ses forces. Mais il nous tarde d'arriver au rôle qu'a joué M. Ferry à partir du jour où il est définitivement entré dans les Conseils du Gouvernement.

Les élections sénatoriales du 5 janvier 1879 furent un véritable triomphe pour le parti républicain. Il fut évident pour tous qu'après cette victoire, le Cabinet devait aller plus à gauche. La part que prit M. Ferry à la discussion de l'ordre du jour du 20 janvier le désignait naturellement comme un des membres du prochain Cabinet. Le 4 février, en effet, M. Waddington était chargé de former un nouveau ministère, et il confiait à M. J. Ferry le portefeuille de l'instruction publique.

M. Ferry marqua son entrée en fonctions par le dépôt de deux projets de loi qui allaient soulever dans le pays une agitation considérable. Le premier de ces projets modifiait la composition du Conseil supérieur de l'instruction publique et des Conseils académiques ; il éliminait d'un seul coup tout l'élément religieux qui se trouvait en majorité dans l'ancien Conseil supérieur, et donnait accès dans les Conseils académiques à des membres des assemblées municipales ou départementales qui participaient aux dépenses de l'enseignement. Le second édictait la restitution de la collation des grades à l'État, et déclarait (article 7) impropre à participer à l'enseignement public ou libre, ou à diriger un établissement d'enseignement de quelque ordre que ce fût, tout membre d'une congrégation religieuse non autorisée. Nous ne reviendrons pas ici sur la discussion qui eut lieu à la Chambre du 16 juin au 9 juillet 1879 et que M. J. Ferry soutint si brillamment.

Maintenu à l'Instruction publique dans le ministère du 28 décembre, M. Ferry eut à défendre devant le Sénat la loi sur le Conseil supérieur et surtout l'article 7, qui fut rejeté par la haute Assemblée. Le ministre n'en continua pas moins son œuvre démocratique en déposant deux nouveaux projets établissant l'obligation et la gratuité de l'enseignement primaire, et en acceptant, sur l'avis de la Commission compétente, le principe de la laïcité.

A la chute du cabinet Freycinet, M. Ferry se trouva donc tout désigné pour prendre le pouvoir, et c'est lui, en effet, qui constitua le Gouvernement du 23 septembre 1880. Le premier acte purement politique du nouveau cabinet, c'est-à-dire l'exécution du second des décrets du 29 mars, eut lieu vers la fin d'octobre : il fut successivement appliqué contre chacune des congrégations non autorisées. En même temps, de graves événements se passaient en Afrique : la France, par le traité de Kasar-Saïd, plaçait la Tunisie sous notre protectorat, et complétait admirablement ainsi nos possessions algériennes en ouvrant à notre commerce des débouchés nouveaux. Le temps n'est certainement pas éloigné où l'on appréciera à sa juste valeur cette conquête, l'une des plus importantes de notre troisième République.

Les élections générales législatives du 21 août 1881 furent un nouveau triomphe pour la République. Mais aussitôt que la nouvelle Chambre fut réunie, M. J. Ferry ne se trompa point sur son vif désir de voir arriver Gambetta aux affaires. Aussi donna-t-il sa démission le 10 novembre pour faire place à l'illustre homme d'État.

On sait combien fut éphémère l'existence du *Grand Ministère*. Dès le 31 janvier 1882, M. de Freycinet revenait au pouvoir, et M. Jules Ferry reprenait le portefeuille de l'instruction publique et venait défendre ainsi devant le Sénat la loi sur l'enseignement obligatoire. Le cabinet fut renversé le 29 juillet; mais le 21 février 1883, le Président de la République appelait de nouveau M. J. Ferry aux affaires comme Président du Conseil.

M. Ferry inaugura son entrée en fonctions en mettant en non activité par retrait d'emploi le duc d'Aumale, le duc de Chartres et le duc d'Alençon. Puis vint la discussion des propositions Barodet et Andrieux tendant à la revision des lois constitutionnelles. Pendant la seconde année de son ministère, M. Jules Ferry dut déployer une activité énorme : interpellations et demandes de crédits pour le Tonkin et Madagascar, négociations relatives aux affaires d'Egypte, réunion du Congrès à Versailles en 1884, épuration de la magistrature par la suppression de l'inamovibilité, discussion d'un budget contre lequel s'exerçait tous les jours davantage les fractions de la droite, telles furent les principales affaires dont eut à s'occuper le Président du Conseil. Le 29 mars 1885, par une dépêche maladroite annonçant l'évacuation de Lang-Son, le ministère était renversé. Nous n'avons pas à nous étendre ici sur cette affaire du Tonkin. Disons seulement que ce n'est point M. Ferry qui l'a engagée, que c'est lui, au contraire, qui l'a terminée, puisque la paix était signée le jour même où il était renversé.

Depuis cette époque M. J. Ferry n'a plus pris une part très active aux discussions de la Chambre. Il s'est borné à se défendre dans plusieurs discours importants qu'il a prononcés en province et à Paris, dans quelques réunions privées, des imputations odieuses dont il était l'objet. Jamais homme, en effet, ne fut plus odieusement et plus injustement calomnié que lui. En 1885, il fut encore élu dans les Vosges à une très importante majorité; mais telle a été l'organisation de la campagne menée contre lui par les réactionnaires de toutes les nuances, que l'on est parvenu à le mettre en échec dans son propre département aux élections du 22 septembre dernier. L'indignation que cette manœuvre a soulevé dans le pays tout entier consolera M. Ferry de ce petit échec, et la violence de la campagne menée contre lui lui prouvera quel prix attachent à sa retraite ceux qui se bercent encore du fol espoir d'escamoter à leur profit les institutions républicaines qu'il a contribué plus que qui que ce soit à établir sur des bases inébranlables.

A. d'Airolles.

LA

# FRANCE PARLEMENTAIRE

# FRÉDÉRIC PASSY

MEMBRE DE L'INSTITUT
DÉPUTÉ

# FRÉDÉRIC PASSY

Dans notre siècle personne n'aura été plus complètement que Frédéric Passy, dans le domaine des idées morales qui font notre grandeur, comme dans le domaine des idées économiques qui assurent notre bien-être, un bienfaiteur de l'humanité, au sens le plus large de ce mot. Il a été le grand brasseur d'idées nouvelles et pratiques de notre époque, il a travaillé avec une conviction et une activité rares, et non toujours sans bonheur, à la réalisation d'idées que nos contemporains, dans leur scepticisme, ont trop souvent qualifié de décevantes; et qu'il s'agit de l'idée de Dieu, de l'idée de paix, du principe de liberté, ou de l'assistance des ouvriers, de la réglementation des jeux, de la franchise des céréales, c'est toujours Frédéric Passy que nous retrouvons au premier rang de ceux qui, à notre époque, ont soulevé ces questions, s'en sont emparés, les ont travaillées pour leur enlever ce qu'elles pouvaient avoir d'utopique, et les ont de force, et par l'autorité de leur exemple, fait entrer dans le domaine de la pratique. Esquisser la vie d'un tel homme, c'est casser le cadre trop étroit de la biographie, car ce n'est plus une individualité qui est en cause, mais l'histoire même des idées morales et économiques. Nous allons cependant tenter d'en tracer les lignes principales.

Elève très remarqué des collèges Louis-le-Grand et Condorcet, Fr. Passy, après avoir passé sa licence ès lettres, entra au Conseil d'Etat comme auditeur en 1846; mais il abandonna la carrière en 1849 et alla dans la retraite se livrer à l'étude des sciences et de l'économie publique. Ces études, d'ailleurs, étaient de tradition dans sa famille et c'est par elle que s'étaient déjà illustrés son père, Félix Passy, conseiller-maître à la Cour des Comptes, et ses oncles Antoine Passy, sous-secrétaire d'Etat à l'Intérieur et membre de l'Académie des sciences, et Hyppolyte Passy, Ministre des travaux publics et des finances et membre de l'Académie des sciences morales et politiques. Frédéric Passy lui-même marqua de bonne heure ses pas dans cette carrière en publiant dès 1846 une brochure remarquable sur l'*Instruction secondaire en France*, et où se trouvent indiquées déjà la plupart des réformes qui furen tentées ou réclamées depuis par MM. J. Simon et M. Bréal.

En 1854, M. Frédéric Passy, complètement armé pour la lutte qu'il voulait entreprendre, sort de sa retraite. Il devient l'un des collaborateurs du *Journal des Economistes* et publie quelques études très remarquées sur la *Contrainte de la liberté*, la *Famille et la Société*, *Robert Peel*, l'*Ancien régime*, et où il se révèle à la fois savant économiste et écrivain remarquable.

La science économique traversait à ce moment une période critique. On était au lendemain de la révolution de 1848, qui avait vu éclore une foule de systèmes dont l'impuissance avait causé bien des déceptions, et on avait fait retomber sur la science économique elle-même la responsabilité de cet échec. Et cependant on ne se lassait pas de l'étudier parce qu'on persistait à croire qu'un jour le salut viendrait de là et qu'un moment arriverait où l'Empire, qui était alors dans tout l'épanouissement de sa période autoritaire, serait obligé pour prolonger son existence de prêter l'oreille aux revendications socialistes qui, pour être timides, n'en circulaient pas moins déjà dans la grande agglomération ouvrière. Quelques villes de province donnèrent le signal, et Montpellier notamment réclamait chez elle l'ouverture d'un cours libre d'économie politique. Michel Chevalier, consulté, déclara que l'homme le plus capable d'occuper cette chaire était Frédéric Passy, et c'est ainsi que celui-ci put dès 1860, faire entendre du haut d'une tribune au pied de laquelle la foule l'écoutait religieusement, les grands principes qu'il n'a cessé de défendre depuis. Telle était déjà l'autorité qu'il avait acquise, que personne n'osa jamais l'attaquer, quelque grande que fût pour l'époque la liberté avec laquelle il s'exprimait.

Frédéric Passy a réuni en volume son *Cours libre d'économie politique*, et c'est le livre le plus propre à répandre cette science et à la faire aimer,

Appelé, en 1861-62, 1862-63, à Bordeaux par la *Société Philomathique*; en 1863-64 et 1864-65 à Nice par la Chambre de commerce et la municipalité, il y fait, avec un succès croissant, des *cours* qui ont laissé daus ces villes des traces profondes et donnent lieu à d'éclatantes manifestations de sympathie et de gratitude.

En 1866, il fait à l'Ecole de médecine de Paris un *Cours libre d'économie politique*, le premier fait à Paris à cette époque, et en 1869-70 un autre *pour les jeunes filles*, le premier pour les femmes. En même temps des *Conférences* nombreuses dans toute la France : à Paris, pour les associations polytechnique et philotechnique ; en province, à Nancy, où il introduit la science écomique dans la Faculté de droit; à Lyon pour la *Société d'enseignement professionnel* ; à Nantes, à Périgueux, au Havre, à Dieppe, à Rouen, etc., etc.

Cette extrême activité, l'élégance de sa parole, la clarté de son exposé, la sûreté de sa logique, lui valurent une notoriété telle que diverses villes, et Bordeaux notamment, lui offraient la députation. Il la refusa toujours pour garder son entière indépendance et pour ne point prêter serment à un gouvernement dont il n'approuvait ni l'origine ni la politique.

En 1867, son intervention, par une lettre au *Temps*, dont l'effet fut considérable, et par une conférence à l'École de médecine sur *la Paix et la Guerre*, contribue à arrêter l'explosion du conflit du Luxembourg et l'amène à fonder avec Arlès Dufour, Michel Chevalier, Martin Pachoud et d'autres, la *Ligue internationale et permanente de la Paix*, devenue, après les événements de 1870, la *Société française des amis de la Paix*, dont il est actuellement le président. On connaît les travaux de cette Société, et l'on sait avec quelle fermeté, depuis qu'il est à la Chambre, F. Passy a su en allier les principes au plus pur patriotisme, notamment dans son opposition aux aventures lointaines et ses appels à l'arbitrage international.

Dévoué à la cause de l'instruction sous toutes ses formes, Frédéric Passy a été, avec Laboulaye, Henri Martin et quelques autres, l'un des fondateurs de la *Société pour la propagation de l'instruction parmi les femmes*, dont il est depuis plusieurs années le président, et il a en cette qualité contribué plus que personne à la création de l'Ecole normale de Neuilly, puis de l'*Ecole Sévigné* à Sèvres et du *Collège Sévigné* à Paris, les deux premiers établissements de ce genre, le département de la Seine et l'Etat n'étant venus qu'après.

Conseiller général de Seine-et-Oise en 1874; président de la délégation cantonale de Saint-Germain et membre du Conseil départemental de l'instruction publique, il n'a cessé de rendre, en ces diverses qualités, tous les services qu'on pouvait attendre de sa compétence et de son zèle; c'est lui qui, entre autres réformes que nous lui devons, obtenait, dès 1874, du Conseil général dont il faisait partie, puis de la plupart des autres Conseils généraux de France, des vœux et des mesures en faveur de l'introduction des éléments de l'économie politique et du droit dans les Écoles normales, et parvenait ainsi à faire entrer ces notions dans le programme général. Afin de donner l'exemple, il a lui-même donné cet enseignement, pendant six ans, dans les Ecoles normales de Versailles et de Paris, et n'y a renoncé que le jour où les électeurs, en l'envoyant à la Chambre, l'ont mis dans l'obligation de restreindre ses autres occupations; il a conservé cependant, et fait exactement ses cours de l'*École des hautes études commerciales* et du *Collège Chaptal*.

En 1881, le comité républicain du VIIIe arrondissement de Paris porta Frédéric Passy à la députation; la lutte fut vive, mais l'illustre économiste la soutint si courageusement qu'il parvint à arracher à la réaction cet arrondissement où elle se croyait maîtresse absolue.

Ces pages ne suffiraient point à faire connaître un à un tous les projets de lois auxquels M. Passy a attaché son nom ou toutes les discussions auxquelles il a pris part. Nous ne mentionnerons ici que quelques-uns des principaux discours qu'il a prononcés : le 26 janvier 1874, sur le programme économique du Gouvernement à propos de l'interpellation de M. Langlois ; le 22 décembre 1885, sur le projet de loi portant ouverture et annulation de crédits extraordinaires pour le service du Tonkin et de Madagascar; le 30 mars 1886, sur la liberté des funérailles; le 11 juin 1886, sur le projet de loi relatif aux membres des familles ayant régné en France et dans lequel, avec sa constante préoccupation d'impartialité, il a voté contre l'expulsion des princes; les 28 juin et 8 juillet 1886, sur les propositions de lois concernant les céréales; les 19 février, 5 et 12 mars 1887, sur le tarif général des douanes; les 25 juin et 10 juillet, sur la responsabilité des patrons dans les accidents des ouvriers, etc., etc.

L'indépendance de Frédéric Passy est aussi complète dans l'enceinte du Palais-Bourbon que dans la vie privée. Il suffit de parcourir les votes auxquels il a pris part pour se convaincre qu'il n'a jamais voulu s'affilier à aucune coterie et qu'il n'a jamais relevé que de sa conscience. Cela lui a valu bien des reproches de la part de la droite qui l'accusait de compromission avec les radicaux, et de la part de la gauche qui le traitait d'orléaniste. Aussi pouvait-il s'écrier en 1886 :

..... « J'ai voté, cela est vrai, et je vote (et je continuerai à le faire), avec la gauche, *même la plus extrême*, comme j'ai voté avec la droite, *même la moins habituellement sage*, lorsque j'ai cru que la raison et le droit étaient de leur côté; et j'ai laissé, sans m'en émouvoir sinon sans m'en attrister, crier au scandale ceux qui faisaient mine de s'en scandaliser, ainsi que le leur disait noblement naguère Anatole de la Forge. Cela m'a valu d'être tour à tour honni et applaudi par les uns et par les autres, et j'ai pu me voir, selon les jours et les cas, traité successivement ou simultanément de radical et de réactionnaire, voire de clérical. On est toujours, hélas ! le radical, ou le clérical de quelqu'un. Je ne m'en plains pas, ni ne m'en trouble, parce que ce sont là des exagérations qui s'annulent, et parce qu'après tout, je le répète, mes collègues, qu'ils soient de la droite ou de la gauche, tout en me combattant à leurs heures comme je les combats, veulent bien respecter la sincérité et l'indépendance de ma conduite.

« Les électeurs parisiens m'ont nommé dans un scrutin par lequel ont été envoyés à la Chambre d'autres députés dont je ne partage guère les idées. Et après? Les électeurs ont fait ce qu'il leur a convenu de faire; mais est-ce que j'avais, pour obtenir leurs suffrages, fait à qui ou à quoi que ce soit une avance ou une concession? . . .

« . . . La vérité est que l'on m'a élu sans me rien demander, parce qu'on a jugé, à tort ou à raison, que j'étais de ceux que l'on doit élire, alors même qu'on ne partage pas toutes leurs opinions, à cause de leur valeur personnelle, et aussi parce qu'on savait bien que je ne suis pas de ceux à qui l'on fait signer des programmes les yeux fermés, et qui ont le cou pelé à force de le tendre à tous les colliers dont on les veut attacher. Serviteur libre et responsable du bien public, soit; je l'ai été et je le suis. »

Voilà pour l'homme politique. Le savant, on le connaît, et son titre de membre de l'Institut dit assez dans quelle élite intellectuelle, unique au monde, il convient de le ranger. On ne compte plus les Société savantes dont il fait partie et les distinctions honorifiques dont il a été l'objet.

Quant au père de famille, nous n'en dirons qu'un mot : c'est qu'il a apporté dans la vie privée toutes les grandes qualités qui le distinguaient comme homme public, et qu'il se trouve aujourd'hui récompensé dans ses enfants des vertus qu'il a toujours pratiquées.

LA

# FRANCE PARLEMENTAIRE

# ALBERT LE ROY

Membre de la Société des Gens de Lettres,
Ancien Sous-Préfet, ancien conseiller de Préfecture de Seine-et-Oise,
Candidat du Comité républicain de la 1re circonscription de Versailles.

# ALBERT LE ROY

Il n'est point douteux que la prochaine Chambre doive compter un nombre considérable d'hommes nouveaux. L'opinion générale du pays réclame une transformation et un rajeunissement de notre personnel politique. Il ne s'agit point de changer les institutions républicaines, mais d'infuser à notre vie parlementaire un sang plus vif et surtout plus pur.

Parmi les hommes jeunes encore qui se sont distingués dans les rangs du parti démocratique, le Comité Républicain de la première circonscription de Versailles a choisi l'un de ceux qui ont donné les meilleurs gages de talent et de fidélité : M. Albert Le Roy. Il appartient par ses origines mêmes, par la souche toute rurale de sa famille, à la contrée dont il sollicite les suffrages. On l'y a vu à l'œuvre comme fonctionnaire républicain.

A trente-deux ans, — il est né le 19 décembre 1856, — M. Albert Le Roy possède déjà un passé littéraire et politique qui n'est point sans valeur. Licencié ès lettres en 1876, il vient de terminer ses thèses de doctorat et soumet à la Sorbonne un ouvrage sur *la Politique religieuse de Louis XIV, la France et Rome de 1700 à 1715*, qui résume quatre années de travail aux archives des Affaires étrangères, et servira d'appendice au *Port-Royal* de Sainte-Beuve. — Membre de la Société des gens de lettres depuis 1882, M. Albert Le Roy a collaboré à divers journaux et recueils : au *Bien public* sous le pseudonyme d'Albert Just; au *Globe*, au *Parlement*, à la *République française*, — où il a signé de nombreuses variétés littéraires et historiques, — à la *Nouvelle Revue*, à la *Revue politique*, à la *Revue libérale*, à la *Gironde*. En même temps, il publiait plusieurs romans, d'abord en feuilleton, puis en librairie : *Fabien* (1879) ; le *Mariage de Laure* (1882); *Part à Trois* (1883); l'*Argent de la femme* (1884); le *Comédien* (1888). La critique a remarqué et loué, dans ces œuvres d'imagination, qui dérivent de l'école de George Sand, l'élégance de la forme littéraire.

Reçu avocat en 1879, M. Albert Le Roy n'a point suivi la carrière du barreau. Mais, naturellement porté vers la politique, il jugeait que pour faire les lois il est utile, il est nécessaire de connaître la loi. Passer par l'École et le Palais est un salutaire apprentissage.

La connaissance du droit ne suffit pas à l'homme public. Il faut y joindre celle de l'histoire diplomatique et de l'administration nationale.

M. Albert Le Roy a étudié pas à pas, dans nos archives, la diplomatie française, la vie religieuse et les mœurs au siècle dernier. Il en a rapporté des matériaux considérables, les uns déjà utilisés, les autres qui lui permettront de continuer ses travaux historiques parallèlement à ses occupations parlementaires. Il importe, en effet, que nos hommes politiques sachent employer leurs loisirs, soit à des voyages à l'étranger féconds en aperçus, soit à ces nobles études littéraires que Thiers, Guizot, Cousin, Rémusat, Villemain, Lamartine, accomplissaient, entre deux ministères, dans les intervalles de repos de la vie publique. N'est-ce pas infiniment préférable à l'oisiveté de certains politiciens actuels, qui dépensent toute leur intelligence à de misérables querelles de groupes, au lieu d'analyser et d'écrire l'histoire de leur pays?

L'administration, qui touche de près les hommes et les faits, est le complément naturel de l'histoire qui envisage les événements à distance. — M. Albert Le Roy a appartenu durant cinq années à l'administration. En 1883, à vingt-six ans, il était nommé sous-préfet des Sables-d'Olonne et il a laissé dans cet arrondissement monarchiste les souvenirs d'un fonctionnaire républicain universellement estimé et regretté. En 1885, il passait à Bordeaux, comme conseiller de préfecture de première classe, et l'année suivante, refusant tout avancement, il venait au même titre à Versailles, dans le département où il avait ses intérêts personnels. Le voisinage et le séjour de Paris lui étaient nécessaires pour mener à bonne fin ses travaux historiques.

En décembre 1888, invité par de nombreux électeurs à se présenter aux prochaines élections législatives, il ne voulut pas rester en fonctions à la veille du scrutin, et démissionna pour reprendre sa liberté d'action et préparer sa candidature.

C'est par des conférences, et non pas, comme tant d'autres, par des visites ou des sollicitations individuelles, que M. Albert Le Roy a conquis et rassemblé des sympathies grandissantes. La conférence politique ou littéraire est, à proprement parler, le genre où il excelle. Maintes fois, dans la salle du boulevard des Capucines, en province pour la Ligue de l'enseignement et les Associations philotechnique et polytechnique, ou pour des œuvres de propagande républicaine, M. Albert Le Roy a porté brillamment la parole. La vie parlementaire lui réserve de nouveaux succès, et l'épreuve des réunions publiques lui a toujours été favorable. A Paris, où il s'est présenté au Conseil municipal, patronné par les journaux républicains anti-autonomistes, tels que *le Temps, le Siècle, la République française*, il n'a échoué en mai 1884 qu'avec un écart insignifiant. Son concurrent socialiste-autonomiste, dans le quartier de la Sorbonne, était proclamé à une voix de majorité absolue, invalidé, puis réélu.

Actuellement, en Seine-et-Oise, M. Albert Le Roy a la bonne fortune de n'avoir jamais été candidat à la députation et d'arriver au moment propice où le Suffrage universel veut de jeunes talents et de vraies honnêtetés. Étranger par goût aux affaires de bourse et de spéculation, ni besogneux ni très riche, mais indépendant, profondément dévoué depuis douze ans à la cause démocratique, il peut donner aux affaires son temps et son énergie, sans jamais rien aliéner de sa liberté.

Le Comité Républicain de la première circonscription de Versailles (pour les cantons de Saint-Germain, Argenteuil, Meulan et Poissy), comité où figurent des conseillers généraux, des maires, et les notabilités les plus influentes du parti, a reconnu et consacré les mérites de M. Albert Le Roy, en lui offrant la candidature, à l'unanimité.

« C'est un nouvel Albert Joly », disent, après l'avoir entendu, les électeurs de cette circonscription qui ont eu, de 1876 à 1880, pour représentant le regretté Albert Joly, enlevé si prématurément. M. Albert Le Roy, en effet, comme son devancier, apporte la flamme de la parole, l'ardeur du républicanisme, la sincérité des convictions, la jeunesse de l'âme jointe à la maturité de l'esprit. Les hommes les plus éminents du parti républicain, qui ont provoqué et qui soutiennent sa candidature, savent qu'il y a en lui la promesse d'un député laborieux et honnête, n'ayant d'autre passion que celle de la liberté, d'autre haine que celle de la dictature.

G. L.

LA

# FRANCE PARLEMENTAIRE

## Elie LEDIEU

Député du Pas-de-Calais

# ELIE LEDIEU

M. Ledieu, dont nous entreprenons de tracer en quelques mots la biographie, est du petit nombre de ces députés qui pensent qu'un peu de présomption et beaucoup de confiance en soi ne suffisent point pour se trouver transformé d'emblée en législateur ou en homme de gouvernement. Il a cru, non sans quelque raison, que pour légiférer avec prudence ou disserter sur les mille questions de la vie parlementaire, il n'est point inutile d'avoir quelques connaissances des affaires publiques, des intérêts industriels et commerciaux, d'avoir enfin, pendant des années, géré prudemment sa propre maison; car tout se tient en ce monde, et entre le gouvernement d'une maison et le gouvernement d'un pays, il n'y a qu'une question de proportion.

Quand M. Ledieu, en effet, cédant aux sollicitations des comités républicains qui voulaient opérer sur son nom la concentration, consentit enfin à venir au Palais-Bourbon représenter l'arrondissement d'Arras, c'est que depuis vingt-trois ans déjà il siégeait au Tribunal de Commerce, que pendant de longues années il avait fait partie du Conseil municipal, qu'il avait enfin, comme chef d'une importante maison de commerce, largement contribué à la richesse industrielle du département. Ces services appelaient une récompense éclatante; aussi, quand le Président de la République, traversant Arras en 1889, lui remit la croix de la Légion-d'Honneur, tous les partis indistinctement, furent unanimes à convenir que jamais distinction n'avait été si justement méritée.

Nous venons de dire que M. Ledieu avait quelques droits à venir défendre à la Chambre des Députés les intérêts industriels des départements du Nord, dont la fortune même allait être mise en discussion par le fait du renouvellement des traités de commerce; nous devons ajouter que, si sa compétence en matière économique était indiscutable, il avait aussi donné de ses idées franchement républicaines, des gages non douteux. En effet, sous l'Empire, dédaigneux des représailles auxquelles il s'exposait, et dont les agents du gouvernement d'alors étaient aisément coutumiers, il ne manqua jamais une occasion d'affirmer ses idées libérales, et s'inscrivit constamment dans le parti de l'opposition. En 1870, au moment du plébiscite, il fut l'un des cinq qui, dans un énergique manifeste, adjurèrent les électeurs du Pas-de-Calais de ne pas donner leur confiance à l'Empire. Cette attitude courageuse mettait en relief le nom de M. Ledieu, et après le Quatre-Septembre, il aurait pu solliciter le mandat de député que ses concitoyens ne lui auraient pas refusé; mais satisfait du triomphe de la cause pour laquelle il avait si énergiquement combattu, il rentra modestement dans le rang, et le lendemain comme la veille, combattit comme simple soldat.

Ajoutons que si M. Ledieu ne réclama point pour lui les honneurs, il voulut, du moins, avoir sa part dans l'œuvre de régénération sociale qu'il s'agissait alors d'entreprendre, et qu'il accepta la place d'adjoint au maire d'Arras, ce qui lui valut au 16 mai les honneurs de la révocation. Comme on pense bien, M. Ledieu ne resta pas longtemps étranger aux affaires municipales ; il rentrait à la mairie quelques semaines après, et conservait cette situation jusqu'en 1879. Elu, en 1877, conseiller d'arrondissement pour le canton nord d'Arras, il exerça son mandat, pour le plus grand bien des intérêts qui lui étaient confiés, jusqu'en 1883, et si à ce moment il n'en sollicita pas le renouvellement, ce fut pour se consacrer d'une façon exclusive à ses fonctions de président du Tribunal de Commerce.

On conviendra que dans ces conditions, M. Ledieu se trouvait admirablement outillé pour prendre part au sein des commissions à l'élaboration des lois économiques que le pays attend si impatiemment. Il fut de suite, en effet, classé au Palais-Bourbon parmi ces hommes d'affaires, ces économistes habiles et expérimentés, que le pays a envoyé siéger à la Chambre, après la réaction qui s'est produite en 1889 contre les politiciens, dont les grandes phrases et les songes creux avaient mis les institutions républicaines à deux doigts de leur perte.

En effet, M. Ledieu avait à peine franchi le seuil du Palais-Bourbon qu'il apportait une collaboration précieuse aux auteurs de cette loi sur les délégués mineurs que les populations du Nord réclamaient depuis si longtemps, et il entrait en même temps en campagne avec M. Deprez, dont il n'y a pas longtemps nous exquissions la biographie ici-même, afin d'obtenir en faveur de l'industrie sucrière des conditions plus douces. Mais c'est à peine si la campagne économique est ouverte, et nous ne doutons pas qu'au cours de cette législature elle ne réserve au député d'Arras bien d'autres succès.

D'ailleurs, pour les questions sociales intéressant particulièrement la classe laborieuse, les ouvriers, dont M. Ledieu connaît la pénible existence, peuvent, en toutes circonstances, compter sur sa sollicitude et son dévoûment à leurs intérêts ; nous savons qu'en ce moment même il travaille à l'organisation des caisses de retraites au profit des ouvriers mineurs.

La défense des intérêts matériels du pays, telle est en effet le but que poursuit avant tout M. Ledieu, et cette préoccupation se fait déjà sentir dans ce passage de sa profession de foi : « Je voudrais que la Chambre s'occupât un peu moins de politique et un peu plus d'affaires, que nous eussions enfin un ministère durable et donnant, par sa fermeté, confiance au commerce et aux travailleurs ». Et plus loin nous trouvons cette pensée admirable, dite en termes excellents, et que ne sauraient trop méditer tous ceux qui, à un titre quelconque, s'occupent de politique : « Améliorer nos institutions, et non détruire pour aller vers l'inconnu : telle doit être la devise de tous ceux qui ont quelque souci du repos de la France ».

La profession de foi de M. Ledieu était d'ailleurs remarquable, et unique peut-être en ce sens qu'au lieu de chercher à se concilier par les petits moyens coutumiers aux candidats les voix des électeurs de son arrondissement, il se tient dans les hauteurs sereines d'une profession de foi politique, et au lieu de vanter comme tant d'autres n'y manquent point, les grandes choses qu'il va faire, et de dire par quelles influences habilement mises en jeu il obtiendra une route pour cette commune, tandis qu'il donnera une école à celle-ci et qu'il fera restaurer l'hôtel-de-ville de cette autre, au lieu de ces promesses habiles dont les électeurs, ces éternelles dupes, ont trop appris à connaître la vanité, il nous dit les bienfaits du régime républicain pendant vingt ans : « La République, dit-il, aussi sage que ferme dans ses rapports avec l'étranger, nous a donné vingt ans de paix. Elle a reconstitué, grâce à de persévérants efforts, notre matériel de guerre ; elle a maintenu dans l'armée cet esprit de discipline qui fait sa force et que de funestes exemples n'ont jamais pu ébranler.

« Le service militaire, uniformément fixé pour tous à trois ans, était demandé depuis longtemps. Cette question a été résolue dans le sens le plus démocratique.

« L'instruction à tous les degrés a été l'objet des constantes préoccupations du gouvernement. Nos dévoués instituteurs ont vu leur indépendance s'affirmer, leur influence grandir, leur situation s'améliorer.

« Les grands travaux, les chemins de fer, les chemins vicinaux ont été largement dotés, et l'on peut considérer comme dépenses profitables pour l'avenir les sacrifices considérables faits pour ces divers services. »

Nos rapports avec l'étranger, l'armée, l'instruction publique, les travaux publics, tels sont les principaux objets sur lesquels s'est étendue depuis vingt ans la sollicitude de nos hommes de gouvernement. Et pour l'avenir que réclame le pays ? réaliser toutes les économies possibles, chercher le meilleur mode de répartition de l'impôt, et donner à l'agriculture et à l'industrie les lois protectrices qu'elles réclament, telles sont les questions dont l'étude s'impose à l'avenir. On le voit, pas de questions de clocher ni de revendications mesquines ; la République seule avec les grandes questions d'intérêt général, qui sont sa vie même.

Que l'on se reporte à l'époque des élections de 1889, que l'on se souvienne du terrain sur lequel les adversaires coalisés de la République avaient porté le débat, et que l'on nous dise s'il était possible de rédiger une profession de foi plus digne, plus nette et résumant mieux les aspirations qui étaient dans le cœur de tous les républicains. Cette profession de foi nous peint d'ailleurs l'homme, et nous est une garantie que nous pouvons l'attendre avec confiance, et compter sur son utile intervention, quand sonnera l'heure des graves discussions économiques qui se lèvent à l'horizon.

MAXIME REY.





Paris. — Imp. Michels & Fils, passage du Caire, 8 et 10

LA

# FRANCE PARLEMENTAIRE

# FROUSTEY-BOUVARD

CANDIDAT RÉPUBLICAIN MODÉRÉ

# FROUSTEY-BOUVARD

Nous assistons en ce moment à une singulière révolution morale, bien visible seulement encore pour quelques esprits lucides, mais qui va bientôt éclater, indéniable et triomphante aux yeux de tous, et qui sera, nous en sommes convaincus, le grand honneur de la France, dans cette fin de siècle.

La génération qui a présidé aux destinées de la France pendant ces vingt dernières années est arrivée à la vie publique après la révolution du 4 septembre, mais créée et élevée dans les années où l'Empire triomphait. Cette génération a été indélébilement marquée par la perversion morale qui caractérisait le régime impérial. Malgré les énergiques résolutions prises par les hommes qui arrivaient à la majorité en 1870, malgré leur répudiation sincère de tout ce qui se rattachait à ce passé néfaste, enfin malgré un fonds intellectuel et moral foncièrement bon, ce vieux fonds gaulois si tenace qui caractérise notre race, qui a toujours lutté et n'a jamais désespéré, malgré tout cela, cette génération a inconsciemment imprimé, durant ces vingt dernières années, à la morale publique un tel abandon, un tel relâchement, un si profond désarroi dans le bon sens public, une telle perversité dans les mœurs politiques, un tel égoïsme dans toutes les affaires qui se traitaient d'homme à homme, un tel pessimisme enfin sur tout l'avenir, que l'espérance quittait les cœurs les plus robustes, et que l'on n'osait plus protester que timidement quand on entendait encore parfois, autour de soi, ce cri si terrible : *Finis Galliæ.*

Mais que l'on avait tort de ne point compter sur la vivacité et l'inaltérabilité morale du vieux fonds gaulois! Voilà qu'au bout de vingt ans (et vingt ans, on le sait, marquent chez nous un cycle politique), le suffrage universel s'est vu forcé de faire appel à la génération nouvelle. Et quels n'ont pas été notre étonnement et notre joyeuse surprise quand nous avons vu se révéler à nous une jeune génération qui, ignorant l'empire et ses vices qui avaient contaminé et pourri un si grand nombre d'entre nous, née et bercée au bruit des canons et portant au cœur l'éternelle blessure de la patrie mutilée, élevée sévèrement enfin selon les principes de cette morale éternelle et rigoureuse qui prêche le désintéressement personnel, l'amour du prochain et de la patrie et la confiance dans l'avenir, nous a apparu avec toutes ces qualités morales que nous admirions tant chez les ancêtres, et aucun de ces défauts et de ces vices d'imagination, qui nous ont fait craindre un instant que cette fin de siècle ne se terminât chez nous, comme ont fini autrefois les derniers restes de l'Empire romain, en Orient, sous le Bas-Empire.

En effet, chez ces jeunes gens auxquels le suffrage universel a fait appel, et avec si juste raison, à partir des élections de 1889, pour remplacer les hommes qui avaient si cruellement trompé ses espérances, nous avons de suite remarqué une appréciation beaucoup plus saine et beaucoup plus exacte de la politique.

La politique, en effet, à justement parler, n'existe pas; le peuple a seulement des besoins, et ce sont ces besoins qu'il s'agit de satisfaire. De là une sorte d'engagement de laisser de côté les questions de politique pure pour s'atteler aux questions sociales, qu'on laissait un peu trop, autrefois, au temps et aux révolutions le soin de résoudre.

Ajoutons, enfin, que ce qui nous paraît caractériser encore cette nouvelle génération, c'est une connaissance très profonde et très exacte de l'histoire (ce qui doit lui tenir lieu d'expérience), et un sentiment très net et très vif de l'art, aussi bien en littérature que dans les beaux-arts proprement dits.

Si nous avons entrepris de tracer aujourd'hui, dans ces études parlementaires, un tableau de ce que nous paraît être la nouvelle génération que nous voyons arriver au pouvoir, c'est que nous nous trouvons en présence de l'une des jeunes personnalités qui nous semblent le mieux caractériser les qualités et les tendances qui sont l'honneur de la génération nouvelle : nous voulons parler de M. Froustey-Bouvard.

L'un des plus brillants élèves du lycée Condorcet et lauréat du concours général, M. Froustey-Bouvard, s'est montré dès sa plus tendre jeunesse un travailleur acharné et une intelligence singulièrement ouverte.

Quoique tout jeune encore (il approche, croyons-nous, de la trentaine), nous allons pouvoir étudier chez M. Froustey-Bouvard, avec quelle force, quelle précision et quelle admirable netteté la jeune génération nouvelle qu'il personnifie si exactement tend au but supérieur qu'elle se propose.

Le premier sens qui semble s'être éveillé chez M. Froustey-Bouvard est le sens scientifique appliqué à l'histoire. Tout jeune encore, nous le voyons fonder cette importante REVUE D'HISTOIRE CONTEMPORAINE qui a si promptement marqué sa place parmi nos recueils périodiques les plus considérables, sinon par la forme, du moins par le fonds. C'est là que nous pouvons suivre le développement de son talent si original et si personnel dans des études générales qui révèlent une rare science et un jugement d'une extrême sûreté sur la *Démocratie anglaise et le tunnel de la Manche*, l'*Histoire du gouvernement fédéral en Allemagne*, l'*Empereur Guillaume II*, la *Morale dans le roman et le théâtre contemporains*, etc., etc. Une énumération des travaux de ce genre auxquels M. Froustey-Bouvard a attaché son nom nous entraînerait beaucoup trop loin.

Ajoutons cependant que, non content de cultiver lui-même l'étude de notre histoire nationale et de tout ce qui s'y rattache, M. Froustey-Bouvard veut encore populariser cette étude et encourager les écrivains et les penseurs qui dans le silence du cabinet faisaient de l'étude de l'histoire leurs plus chères délices. C'est ainsi que s'inspirant du système de concours adopté par l'Académie française et l'Académie des sciences morales et politiques, il cherche à instituer les CONCOURS D'HISTOIRE CONTEMPORAINE, courageuse entreprise due à l'initiative privée, et comme notre pays de France n'en voit malheureusement pas éclore assez.

Mais si la solution des problèmes sociaux ne fût point venu tourmenter M. Froustey-Bouvard, il n'eût point été de son temps; et il avait été trop frappé des besoins en quelque sorte infinis des classes populaires, et il avait un esprit trop net et trop pratique pour ne point voir de suite ce qu'il était possible de faire dans cet ordre d'idées. C'est de cette préoccupation qu'est née cette magnifique étude sur *la Philanthropie pratique* qui eût dû être répandue dans la classe bourgeoise à des milliers et des milliers d'exemplaires, car c'est seulement en réalisant les idées qui y sont exprimées que notre bourgeoisie qui, depuis 80 ans a en mains le gouvernement de la France, évitera quelque terrible révolution sociale dans laquelle elle pourrait sombrer aussi complètement que la Noblesse dans la Révolution de 93. Certes, cette seule idée, si admirablement étudiée, élucidée et rendue pratique de la *constitution d'une société générale d'assistance privée centralisant les services des meilleures œuvres existantes, les complétant au besoin et leur imprimant une direction raisonnée*, est une idée géniale qui suffirait à l'activité et à la gloire d'un homme.

Que ne pouvons-nous faire ressortir plus longuement à quelles misères mettrait fin la réalisation d'une idée si simple et si claire, et quels malheurs peut-être elle préviendrait! Mais comme à l'homme de Térence rien de ce qui est humain n'est étranger à M. Froustey-Bouvard, et l'homme profondément épris des choses de l'art appelle aussi un instant notre attention.

C'est encore, en effet, M. Froustey-Bouvard qui est l'auteur du projet d'un *théâtre historique national* qui ferait revivre dans leur intégrité les différentes époques de notre histoire et rendrait d'immenses services (pas n'est besoin, croyons-nous, d'insister là-dessus) à la cause de l'éducation et de l'enseignement populaires.

Toutes ces idées d'ailleurs vraiment originales et dont M. Froustey-Bouvard s'est fait l'avocat éloquent, s'imposeront un jour aux pouvoirs publics, et l'on se demandera alors comment des idées si simples, qui répondaient si bien à des besoins indéniables, ne sont pas entrées de suite dans la pratique.

Mais voici qu'une occasion unique se présente à tous ceux dont M. Froustey-Bouvard a pris en main la cause, c'est-à-dire aux faibles, aux déshérités et aux malheureux, à la classe bourgeoise aussi dont il s'est constitué le défenseur, de porter à la tribune du Palais-Bourbon toutes ces grandes questions.

Un groupe d'électeurs influents a enfin amené M. Froustey-Bouvard à accepter la candidature législative dans le cinquième arrondissement de Paris, et celui-ci a déjà trop donné de preuves de sa sollicitude vis-à-vis du peuple de Paris pour se dérober à ce devoir nouveau.

Ses concurrents suscités par telle ou telle coalition de petits intérêts sont tous des candidats qui représentent un passé funeste. M. Froustey-Bouvard, lui, est le candidat de l'avenir et du progrès, et il a déjà dans le passé donné trop de preuves de son activité, pour que les électeurs du cinquième arrondissement n'aient pas la certitude, en le choisissant, de se donner le meilleur avocat possible de leurs besoins et de leurs revendications, en même temps que des besoins supérieurs de la patrie.

R. Detoucy.

LA

# FRANCE PARLEMENTAIRE

## PORTRAITS CONTEMPORAINS

ET

## ÉTUDES HISTORIQUES

AVEC DESSINS ET PHOTOGRAVURES

*Prix de la Livraison :* 20 *Centimes*

# FROUSTEY-BOUVARD

PARIS
*ADMINISTRATION*
26, RUE MONSIEUR-LE-PRINCE, 26
1891

# NOTRE BUT

Ce sont [illegible] États généraux qui ont fa[illegible] France d'autre[illegible] et la [illegible] a cru pouvoir se passer de leur concours[illegible]

En [illegible]89, c'est le Parlement qui [illegible] France, et qui, ramassant les [illegible] les a [illegible] leur a infusé un sang nouveau [illegible] tête des nations.

A [illegible] ans de distance, il [illegible] nier l'œuvre grandiose des Parlements [illegible] institution.

LA FRANCE PARLEMENTAIRE, [illegible] liberté, montrera par son œuvre de propagande [illegible] est aujourd'hui tout aussi riche qu'il y a cent ans [illegible] cités parlementaires, et que c'est de cette institution [illegible] notre pays lui-même, que lui viendra le salut.

2[illegible] Janvier 1889.

LA DIRECTION.

Élection législative du 28 Juin 1891. — V^e Arrondissement. — 2^e Circonscription.

# Profession de Foi

Mes chers Concitoyens,

Je me présente à vos suffrages avec la loyauté et la confiance qui conviennent aux bonnes causes.

Je sollicite l'honneur de porter, en votre nom, le drapeau républicain, sans jamais renoncer au programme modéré que j'ai adopté par conviction et par tempérament.

Ce que nous voulons tous, certainement, c'est une France respectée, paisible et prospère, une République juste, tolérante, libérale et forte. Lorsqu'une société civilisée ne garantit pas à l'individu l'ordre avec la liberté, elle diffère à peine de la barbarie et menace d'y retourner.

Tous les citoyens, depuis le plus riche jusqu'au plus pauvre, éprouvent le besoin d'une amélioration dans l'état moral et matériel du pays. Depuis quelques années, les principaux éléments de la force et de la richesse publiques se décomposent et tendent à disparaître. Le commerce, l'industrie, l'agriculture aussi bien que la morale et le patriotisme subissent le contre-coup de théories révolutionnaires dangereuses autant qu'utopiques, et cela sans aucun profit pour la liberté, l'égalité, la fraternité qui restent à l'état d'inscription sur les papiers administratifs et les monuments publics.

Il est temps d'enrayer le mal, si l'on ne veut pas qu'il devienne incurable.

Or l'occasion se présente aujourd'hui, dans Paris même, de choisir entre plusieurs candidats à la députation, un citoyen capable de travailler au salut de la France. Cette occasion exceptionnellement propice, vous ne la laisserez pas échapper.

La Chambre contient trop de politiciens sectaires, avides et bavards ! Inutile d'en grossir le nombre.

Il faut pour vous représenter, mes chers Concitoyens, un homme nouveau, indépendant, irréprochable, qui soit résolu à étudier promptement les questions vitales, les questions d'affaires, les questions d'intérêt général immédiat, et qui ait des chances sérieuses de faire triompher sa devise qui est la vôtre :

Tout pour la France et la démocratie, par la liberté, l'ordre, le travail et le progrès.

**FROUSTEY-BOUVARD**

*Candidat républicain modéré.*

LA

# FRANCE PARLEMENTAIRE

*PORTRAITS CONTEMPORAINS*

ET

**Études historiques**

AVEC DESSINS ET PHOTOGRAVURES

---

# ALBERT LE ROY

---

**PRIX DE LA LIVRAISON**

**20** centimes

---

LIBRAIRIE DE PARIS

20, boulevard Montmartre, 20

—

1889

ÉLECTIONS LÉGISLATIVES DU 22 SEPTEMBRE 1889

# COMITÉ RÉPUBLICAIN

## DE LA PREMIÈRE CIRCONSCRIPTION DE VERSAILLES

(Cantons d'Argenteuil, Saint-Germain, Meulan et Poissy)

*Président* : M. [illegible], conseiller général du canton d'Argenteuil. — *Vice-Présidents* : M. Albert Joz[illegible], conseiller général du canton de Meulan; M. [illegible], adjoint au maire de Saint-Germain; M. Rousset, maire de Meulan; M. [illegible], adjoint au maire de Poissy. — *Secrétaire général* : M. [illegible], maire du Vésinet. — *Secrétaire adjoint* : M. Vernet.

## CANDIDAT

# ALBERT LE ROY

Messieurs et chers Concitoyens,

Réuni en Congrès à Saint-Germain-en-Laye, le [illegible] septembre, le Comité Républicain m'a fait le grand honneur de sanctionner ma candidature et de l'adopter à l'unanimité.

Je remercie profondément MM. les délégués des communes et je m'efforcerai d'être digne de leur confiance.

Contre tous les adversaires de la République, nous défendrons ensemble les institutions libres qui trois fois déjà, — au 16 mai, lors de la crise présidentielle de 1887, et devant le péril de la dictature, — ont permis de surmonter les assauts de la réaction et du Pouvoir personnel.

Aujourd'hui, la *coalition des bonapartistes, des monarchistes, des césariens et* [illegible] *aveugles*, nous demandent de réviser la Constitution et de jouer la République sur le coup de dé d'une Constituante.

Nous refusons. Nous ne livrerons pas à l'ennemi les clefs de la citadelle [illegible].

En 1881, la Révision était possible. Gambetta la demandait. Radicaux et [illegible] lui ont répondu en le précipitant du pouvoir.

En 1884, la Révision était nécessaire pour faire disparaître cette injustice choquante d'une ville de deux millions d'habitants, — comme Paris, — et d'un village de 15 électeurs, ayant au même titre un seul délégué sénatorial. Cette révision a été réalisée [illegible] décembre 1884. Désormais, le nombre des délégués élus par les Conseils municipaux est proportionnel à la population des communes.

En 1889, la Révision est non seulement inutile et périlleuse; elle est impossible devant le morcellement des partis.

La promettre, c'est tromper le corps électoral.

Supprimer le Sénat, c'est réhabiliter le criminel et condamner le juge.

Supprimer la Présidence, c'est décapiter notre régime démocratique.

Trois candidats vous offrent la Révision.

Chacun la sienne : pour l'un, la Monarchie restaurée; pour le second, l'amnistie du condamné de la Haute Cour; pour le troisième, la tyrannie d'une Chambre unique.

D'accord pour mettre la maison à bas, ils ne s'entendront jamais pour la reconstruire.

Dans les trois cas, voyez la République menacée, les partis hostiles relevant la tête, le désordre dans les esprits, le désarroi dans les affaires, la guerre peut-être, certainement l'inconnu, et le recommencement des Révolutions.

Au contraire, le maintien de la Constitution signifie : Paix, Liberté, Épargne, c'est-à-dire un nouveau bail avec la République affermie.

Moins de politique! Moins d'interpellations!

Pas de Révision bruyante! Mais du travail sérieux et des réformes pratiques!

Tel est le vœu, tel est le cri du pays.

Ce qu'il faut réviser, ce sont les prestations, les patentes, le cadastre, les octrois, l'exercice, les traités de commerce, — en un mot les lois mal faites et les impôts mal établis.

Ce qu'il faut garder, c'est le gouvernement libéral et honnête du Président Carnot, [illegible] le succès triomphal de l'Exposition et la célébration du Centenaire immortel de 1789.

Votre tout dévoué Concitoyen,

**ALBERT LE ROY**

*Ancien Sous-Préfet et Conseiller de préfecture de Seine-et-Oise.*

# AUX ÉLECTEURS
## de la première Circonscription de Versailles

Le temps des programmes immenses et irréalisables est passé.

En sollicitant vos suffrages comme candidat à la députation, je n'ai qu'un désir : c'est d'être sobre en mes promesses et net en mes engagements.

Je défendrai la République.

J'améliorerai, dans la mesure du possible, notre administration et nos finances.

Pour défendre la République, voici ce que je propose :

Repousser la Révision et la Constituante, qui remettraient tout en question, arrêteraient la confiance, le commerce et le crédit, et pourraient nous rejeter dans les révolutions ;

Conserver le Sénat, qui vient de rendre à la République le plus signalé des services, en châtiant les factieux ;

Développer nos lois scolaires, pratiquer la tolérance, assurer la liberté de penser, et maintenir le clergé dans l'observation de ses devoirs, sans tracasseries, sans défaillances ;

Enfin écarter l'élection des juges, qui introduirait les passions politiques dans le choix des magistrats ; mais demander et obtenir la simplification de la procédure, la diminution des frais, l'extension de la compétence des tribunaux de paix, pour accélérer la marche des affaires.

Au dehors,

Il faut suivre une politique de dignité et d'honneur qui n'abandonne point les territoires où le drapeau français est planté, mais qui ne rouvre pas inutilement l'ère des entreprises coloniales. Il faut particulièrement supprimer l'infanterie de marine recrutée au moyen du tirage au sort et la remplacer par une armée coloniale uniquement composée de volontaires, qui auront droit à une haute paie, à une prime de rengagement, et à des emplois de l'État, lors de leur rentrée dans la mère patrie.

Au dedans,

Nous devons placer les questions économiques, sociales, administratives, au-dessus des questions politiques, source d'agitations stériles ;

Rétablir l'équilibre du budget et l'amortissement normal institué en 1872 ;

Diminuer les dépenses de nos Administrations centrales et départementales ;

Réformer l'exercice et la législation de l'alcool ;

Refondre le cadastre et le code rural, organiser le crédit agricole ;

Régulariser l'Assistance publique à la campagne, et, par la mutualité élargie, venir en aide à la vieillesse, à la maladie et au chômage ;

Reviser la loi des patentes en un sens favorable au petit commerce si lourdement éprouvé ;

Veiller à l'échéance des traités internationaux en 1892, et protéger énergiquement, par des droits de Douane, l'Agriculture et l'Industrie nationales ;

Résister, selon toutes les voies légales, à l'empoisonnement de la Seine tenté par la Ville de Paris.

Un tel programme n'a rien d'ambitieux. Il peut, il doit se réaliser, et suffit largement à remplir les quatre ans d'une législature.

La République, victorieuse du Césarisme, poursuivra sa tâche de progrès continu et pacifique, son œuvre de prospérité et de concorde attestée par l'Exposition universelle ;

La France n'écoutera ni les perfides conseils des monarchistes coalisés, ni les utopies de l'intransigeance. Elle conservera le régime de liberté républicaine qui a réparé les désastres de 1870, multiplié nos chemins de fer, nos routes, nos canaux, donné des lois sur les franchises municipales et sur les syndicats professionnels ; enfin créé une armée puissante, et des écoles sur toute la surface du territoire.

Voilà, mes chers Concitoyens, les principes généraux qui dicteront ma conduite.

Mais, d'un seul mot, laissez-moi vous rappeler que les programmes ne valent que par la *probité des candidats*. — Sur ce point, j'attends en toute sécurité les plus sévères investigations.

Respectueux de mes adversaires, partisan dévoué de la politique d'union et de réconciliation, j'ai pleine confiance dans le verdict des électeurs et dans l'avenir de la République.

Ni Revision ! Ni Division !

**ALBERT LE ROY**

*Ancien Sous-Préfet et Conseiller de préfecture de Seine-et-Oise*

# LE COMITÉ RÉPUBLICAIN AUX ÉLECTEURS

CHERS CONCITOYENS,

Le scrutin du 22 septembre met en vos mains le sort de la France et de la République.

C'est la plus grave élection qu'il y ait eu depuis le 14 octobre 1877. Elle vous trouvera, comme alors, résolus à défendre les institutions démocratiques et la liberté nationale.

Vous n'êtes pas avec ces **faux conservateurs** qui ont eu pour unique but, dans la dernière Chambre, de tout désorganiser, de tout détruire, et qui poursuivent une **véritable révolution**, où risqueraient de sombrer, sous la dictature, la fortune même et l'honneur de la France.

Vous n'êtes pas davantage avec ces **revisionnistes** qui ont troublé le pays par leur agitation brouillonne, par leurs vaines promesses suivies de trop réelles déceptions, qui ont énervé tous les ressorts administratifs par leur faiblesse au pouvoir, et qui prétendent couronner leur œuvre en donnant tête baissée dans le piège de la *Constituante*.

Vous voulez une République solide et durable, tolérante envers les personnes, ouverte à toutes les bonnes volontés. Vous voulez un Gouvernement assez fort pour assurer la paix publique et imposer à l'étranger le respect de la France.

Vous voulez grouper dans la Chambre prochaine une majorité unie et compacte, qui renonce aux querelles de groupes et se consacre tout entière au bien du pays.

Le Comité républicain s'est inspiré de vos vœux.

Pour combattre la candidature qui se dit conservatrice et qui vise à changer la forme du Gouvernement,

Pour écarter les deux représentants de cette députation radicale dont vous avez fait l'expérience,

Le Comité républicain propose unanimement et recommande à vos suffrages, un candidat digne de votre estime et capable de défendre vos intérêts : M. Albert Le Roy, qui appartient à votre contrée et qui, rompu par dix ans de travail et d'études aux affaires administratives, réunit la double indépendance de la situation et du caractère. M. Albert Le Roy a souscrit le programme qui lui était proposé.

Ce programme se résume en peu de mots :

Pas de Revision. Redressement du budget et des impôts. Liberté de conscience. Création d'une caisse nationale de retraites pour tous les ouvriers de la terre et de l'industrie. Protection éclairée à l'agriculture. Étude de la situation qui résultera, en 1892, de l'échéance des traités de commerce et des clauses du traité de Francfort.

Sur d'autres questions purement politiques, l'accord est impossible. Les aborder serait stérile. Depuis 50 ans elles figurent dans les programmes, pour égarer le peuple et non pour le servir.

Nous écartons ces causes de discorde qui paralysent le travail des Chambres, entravent la marche des affaires, favorisent la réaction et retardent le progrès.

Nous faisons appel aux républicains de toutes nuances, aux patriotes soucieux de la prospérité publique;

Nous les invitons à réaliser, sur le nom de M. Albert Le Roy, l'union des bons citoyens, résolus à maintenir, envers et contre tous, la République — Gouvernement de nécessité et de justice.

ÉLECTEURS,

**Méfiez-vous des manœuvres de la dernière heure.**

**Méfiez-vous de ce qui n'aura pas été dit ni écrit durant les vingt jours de la période électorale, et qui la veille du scrutin, — trop tard pour qu'on y réponde, — pourra se trouver affiché sur les murs.**

**Les manœuvres de la dernière heure méritent le mépris des honnêtes gens.**

CHERS CONCITOYENS,

Vous vous rendrez à notre appel et vous voterez pour le candidat du Comité républicain.

**ALBERT LE ROY**

*Ancien Sous-Préfet et Conseiller de préfecture de Seine-et-Oise.*

Le bureau élu du Comité républicain de la 1re circonscription de Versailles :

MM. FAUTIER, Conseiller général d'Argenteuil, *Président* ;
ALBERT JOZON, Conseiller général de Meulan,
FRANK, adjoint au maire de Saint-Germain,
ROUSSEL, maire de Meulan,
DÉLIANCE, adjoint au maire de Poissy,
} *Vice-Présidents* ;
LEDRU, maire du Vésinet, *Secrétaire général* ;
VERNET, de Saint-Germain, *Secrétaire*.

PARIS. — IMPRIMERIE P. MOUILLOT, 13, QUAI VOLTAIRE. — 38845.

www.ingramcontent.com/pod-product-compliance
Ingram Content Group UK Ltd.
Pitfield, Milton Keynes, MK11 3LW, UK
UKHW021503260726
13993UKWH00004B/1542

9 782019 999537